टाइम मैनेजमेंट
और
सफलता

टाइम मैनेजमेंट और सफलता

सुरेश चंद्र भाटिया

प्रभात प्रकाशन

प्रकाशक

प्रभात प्रकाशन प्रा. लि.

4/19 आसफ अली रोड, नई दिल्ली–110002

फोन : 23289777 • हेल्पलाइन नं. : 7827007777

इ–मेल : prabhatbooks@gmail.com ❖ वेब ठिकाना : www.prabhatbooks.com

संस्करण

2024

मूल्य

दो सौ पचास रुपए

मुद्रक

नरुला प्रिंटर्स, दिल्ली

TIME MANAGEMENT AUR SAFALATA
by Suresh Chandra Bhatia

Published by **PRABHAT PRAKASHAN PVT. LTD.**
4/19 Asaf Ali Road, New Delhi-110002

ISBN 978-81-7315-730-1

₹ 250.00

प्रबंधन के विभिन्न क्षेत्रों में कार्यरत
वैज्ञानिकों, अभियंताओं, शिक्षकों एवं प्रबंधकों

को

समर्पित

जिनके साथ अपने 40 वर्ष के निरंतर सहयोग के आधार पर मुझे यह पुस्तक लिखने की प्रेरणा मिली।

निज भाषा उन्नति अहै, सब उन्नति कौ मूल।

—भारतेंदु हरिश्चंद्र

* * *

अनावश्यक कार्यों में व्यर्थ नष्ट होनेवाले
अमूल्य समय की बचत करने के लिए
'न' कहने की आदत डालिए।

—सॉमरसेट मॉम

प्राक्कथन

मानव को प्राप्त जीवन का प्रत्येक क्षण ईश्वर की एक अनुपम देन है। 'वर्तमान समय' नकद धन के समान आपके जीवन के खाते में ईश्वर द्वारा दिया गया एक अनमोल उपहार है। जीवन में उन्नति के लिए मानव संसाधन विकास एवं प्रबंधन के विस्तृत क्षेत्र में समय का प्रभावी रूप से प्रबंधन करने की कला बहुत महत्त्वपूर्ण है, क्योंकि समय का उत्पादक व उपयोगी कार्यों में सदुपयोग करके ही हम उन्नति कर सकते हैं। जीवन में सफलता प्राप्ति का रहस्य समय के प्रत्येक क्षण का सदुपयोग करने में ही निहित है। प्रत्येक व्यक्ति के पास समान रूप से समय की एक निश्चित अवधि उपलब्ध है—प्रत्येक दिन के 24 घंटे, जिसे आप घटा-बढ़ा नहीं सकते। इतने समय में ही आपको सभी आवश्यक, अप्रत्याशित, व्यक्तिगत, व्यावसायिक, पारिवारिक, सामाजिक, मनोरंजक, स्वास्थ्यवर्धक आदि सभी कार्य आवश्यकतानुसार पूरे करने हैं।

संभवत: आप अपने जीवन का तथा अपने समय का शत-प्रतिशत नियंत्रण तो नहीं कर सकते, लेकिन प्रभावी रूप से समय का सदुपयोग करने की आदत डालकर अपनी कार्य-क्षमता विकसित कर सकते हैं। समय नष्ट न करने जैसी छोटी सी उपलब्धि से आप संतोष अनुभव करेंगे तथा प्राथमिकताओं के आधार पर समय नियमन का अभ्यास करके अपने कार्य सफलतापूर्वक संपन्न कर सकेंगे। समय का महत्त्व पहचानकर इसे नष्ट न करने का प्रण करने की आवश्यकता है।

समय-प्रबंधन जैसे महत्त्वपूर्ण विषय पर रोचक एवं सरल हिंदी में लिखित यह पुस्तक श्री सुरेश चंद्र भाटिया द्वारा किया गया एक उत्कृष्ट प्रयास है, जो निश्चय ही सराहनीय है। आशा है, यह पुस्तक विद्यार्थियों व प्रबंधकों के लिए समान रूप से उपयोगी सिद्ध होगी।

—डॉ. पि.यू.बि. राव
निदेशक
आई.टी.एस. इंस्टीट्यूट ऑफ मैनेजमेंट
ग्रेटर नोएडा

अपनी बात

परमात्मा की इस विचित्र सृष्टि में मानव एक अमूल्य एवं विलक्षण प्राणी है। मानव के लिए जीवन का प्रत्येक क्षण ईश्वर की एक अनुपम भेंट है। जीवन में सफलता पाने के लिए समय के महत्त्व को पहचानकर स्वयं को समय के साथ अनुशासित करके चलना अति आवश्यक है। 'बीता हुआ समय' आपके द्वारा खर्च किए गए धन के समान है, जिसे आप कभी वापस नहीं पा सकते। 'भविष्य का समय' आपके बैंक में जमा ऐसे धन के समान है, जिसकी मात्रा के बारे में आपको कुछ नहीं पता। केवल 'वर्तमान समय' आपके पास उपलब्ध नकद धन के समान है। यह आपके हित में हो सकता है कि आप उसका सदुपयोग करके लाभ उठाएँ, व्यर्थ के कामों में उसे नष्ट न करें।

जीवन में उन्नति, विकास और समृद्धि की मंजिलें खड़ी करने के लिए समय का प्रत्येक क्षण मनुष्य के सामने होकर गुजरता रहता है। प्रतिपल, मिनट, घंटे, दिन-रात, माह एवं वर्ष के रूप में समय के महत्त्व को प्रतिक्षण पहचानकर श्रम, उद्योग व सृजन का अवलंबन लेनेवाला व्यक्ति, पग-पग पर सफलता के बीज बोता है, जो एक दिन परिपक्व होकर विशालता के साथ फलीभूत होते हैं। आपके जीवन की अनमोल निधि—आपके पास उपलब्ध प्रतिदिन समय के 24 घंटे—का संपूर्ण नियोजन केवल आपके नियंत्रण में है। कोई अन्य व्यक्ति उसका नियमन नहीं कर सकता। अपने समय को नियमित दिनचर्या में बाँटकर, उसका अनुशासनपूर्वक पालन करके, अपनी आदतों को सही ढाँचे में ढालकर, अन्य व्यक्तियों के अनुभवों से लाभ उठाकर, आप कुछ समय की बचत करके, अन्य अधिक उपयोगी कार्य कर सकते हैं।

प्रबंधन के विस्तृत क्षेत्र में समय-प्रबंधन के महत्त्व को पहचानकर, अपने

समय का सही मूल्यांकन करके, उसका सदुपयोग करने से संबंधित अनेक उपायों को इस पुस्तक में सही परिप्रेक्ष्य एवं सरल हिंदी में प्रस्तुत करने का प्रयास किया गया है। आशा है, मेरी यह पुस्तक इस प्रयास में उपयोगी सिद्ध होगी।

इस पुस्तक के लिए अधिकांश सामग्री टॉम जॉन्स द्वारा लिखित पुस्तक 'परफेक्ट टाइम मैनेजमेंट', डॉन रीनो द्वारा लिखित 'अनॉफिशियल गाइड टु मैनेजिंग टाइम', सुरेश कांत लिखित 'कुशल प्रबंधन', अश्वत्थ रामैया द्वारा लिखित 'लाइफ बिगिन्स आफ्टर वीआरएस', भारतीय इस्पात प्राधिकरण (सेल) तथा स्टेट बैंक ऑफ इंडिया द्वारा समय-समय पर प्रकाशित प्रबंधन पत्रिकाएँ—सेल न्यूज, एक्सप्रेस कंप्यूटर आदि अनेक पत्र-पत्रिकाओं में प्रकाशित लेख, टिप्पणी आदि से ली गई हैं। इसके लिए मैं उनके लेखकों के प्रति अपना आभार प्रकट करता हूँ।

अपने विभागीय कार्यों में हिंदी के अधिकाधिक प्रयोग तथा हिंदी में तकनीकी आलेखन को प्रोत्साहित के लिए मैं स्टील अथॉरिटी ऑफ इंडिया, बोकारो इस्पात संयंत्र के वरिष्ठ अधिकारियों तथा राजभाषा विभाग के प्रभारी मुख्य अधिकारी के प्रति अपना आभार प्रकट करता हूँ।

प्रबंधन विज्ञान एवं प्रबंधन कला के विस्तृत क्षेत्र में समय सदुपयोग जैसे अत्यंत महत्त्वपूर्ण विषय पर अपनी मातृभाषा हिंदी में 'आपका समय—आपकी अनमोल धरोहर' शीर्षक से यह पुस्तक सरल व सहज भाषा में लिखने की प्रेरणा के लिए मैं लाल बहादुर शास्त्री राष्ट्रीय प्रशासनिक अकादमी के पूर्व प्रोफेसर डॉ. कैलाश चंद्र भाटिया के प्रति आभारी हूँ।

इस पुस्तक की पांडुलिपि तैयार करने, प्रूफ संशोधन एवं पुस्तक के कलेवर को सुरुचिपूर्ण स्वरूप प्रदान करने में मेरी पत्नी श्रीमती सुजाता भाटिया के दिन-प्रतिदिन सहयोग के लिए भी मेरा आभार।

—सुरेश चंद्र भाटिया

विषय-सूची

1 समय सबसे मूल्यवान है

समय का प्रत्येक क्षण ईश्वर की एक अनुपम देन है। यदि हम अपने समय को सुनियोजित ढंग से व्यवस्थित करके अपने लक्ष्य की ओर अग्रसर होते रहें और हमारा लक्ष्य व उद्‌देश्य निरंतर हमारी संकल्प शक्ति के सामने बना रहे तो निश्चय ही हमारी मंजिल भी प्राप्त होगी। जीवन में सफलता प्राप्ति का रहस्य अपने समय के एक-एक क्षण का सदुपयोग करने में ही निहित है।

नदी बहती है, घड़ी चलती है। सूरज, चाँद, तारे भी आराम नहीं करते। पशु-पक्षी अपनी दिनचर्या नियमित रूप से निभाते हैं। समस्त प्रकृति अनुशासनबद्ध होकर अपने कार्यों में नियमित निरंतरता का पालन करती है। तब मानव जीवन प्राप्त करके हमें भी आलस्य छोड़कर अपने बहुमूल्य समय का सदुपयोग करना चाहिए, क्योंकि आगे क्या होने वाला है—हम नहीं जानते—

का जाने का होई है, पल के अगले भाग।

अतएव सर्वप्रथम हम अपने समय को नियमित दिनचर्या में बाँटकर उसका अनुशासनपूर्वक पालन करें। इसकी तुलना इस प्रकार करें कि यदि हमें सहस्र मुद्राएँ प्राप्त करनी हैं तो प्रत्येक मुद्रा को अमूल्य समझकर सहेजना होगा। जैसे बूँद-बूँद से घट भरता है, वैसे ही पल-पल मिलकर दिन, सप्ताह एवं माह बनते हैं, समय हाथ से सरकता जाता है और बाद में हम पश्चात्ताप के सिवाय और कुछ नहीं कर पाते।

अनेक व्यक्ति भूत व भविष्य की चिंता में अपने वर्तमान समय को बरबाद करते रहते हैं, जबकि यह निश्चित है कि नष्ट किया हुआ समय वापस नहीं आता। आप कुछ करना चाहते हैं मगर कब से किया जाए? कैसे किया जाए? क्या किया जाए? इसी चिंता में परेशान होकर अपना अधिकांश वर्तमान समय व्यतीत कर देते

हैं। तब तक देर हो जाती है और समय हाथ से निकल जाता है।

अधिकतर व्यक्तियों ने धन को तो बड़ी वस्तु समझा, लेकिन बहुत कम व्यक्तियों ने समय का मूल्य पहचाना। वस्तुत: तनिक विचार करने पर यह स्पष्ट हो जाता है कि समय अनमोल है। गंभीरता से विचार कीजिए—अपना समय देकर आप अपार धन अर्जित कर सकते हैं, पर धन देकर समय नहीं खरीद सकते।

अपने बहुमूल्य समय का सदुपयोग करने के संदर्भ में गणेशजी से प्रेरणा लीजिए, उनका आशीर्वाद प्राप्त कीजिए—

गणेशजी का बड़ा सिर आपको निरंतर बड़ी-बड़ी रचनात्मक एवं सकारात्मक बातें सोचने के लिए प्रेरित करता रहेगा। गणेशजी के बड़े-बड़े कान आपको अनेक व्यक्तियों से नई-नई अच्छी बातें सुनने के लिए, उनके विचार और सुझाव जानने के लिए प्रेरित करते रहेंगे। गणेशजी की छोटी-छोटी आँखें आपको ध्यानपूर्वक देखने, चिंतन और मनन करने के लिए प्रेरित करती रहेंगी। गणेशजी की लंबी सूँड़, आपको अनेक दिशाओं में एक साथ कार्य करने की प्रेरणा देती रहेगी। गणेशजी का छोटा सा मुँह आपको कम लेकिन समय के अनुकूल केवल सारगर्भित बातें बोलने के लिए प्रेरित करेगा। गणेशजी से प्रेरणा लेकर एवं उनका आशीर्वाद प्राप्त करके, समय को नियोजित करते हुए आप कम-से-कम समय में अधिकतम कार्य सफलतापूर्वक संपन्न करने में सफल हो सकेंगे।

□

चित्र 1.1 : गणेशजी से प्रेरणा

2 समय का सदुपयोग

जब आयु शेष हो जाती है, तब आप अपार धन देकर भी एक सेकंड का अतिरिक्त समय प्राप्त नहीं कर सकते। इसलिए जीवन के इस आधारभूत सत्य—समय को बहुत सावधानी से सदुपयोग करने की आवश्यकता है। धन को तो आप सहेजकर रख भी सकते हैं, पर समय को सहेजकर नहीं रख सकते। धन सहित अनेक वस्तुएँ नष्ट होने पर पुनः प्राप्त की जा सकती हैं, पर बीता हुआ समय पुनः प्राप्त नहीं किया जा सकता।

समय सदुपयोग के संदर्भ में दूसरी महत्त्वपूर्ण बात है—जीवन का ध्येय—उद्देश्य निर्धारण। जैसे किसी नदी के प्रचंड प्रवाह को जब नहरें निकालकर अनेक शाखाओं में विभाजित किया जाता है, तब बहुत बड़ा प्रवाह भी अपने एकमात्र लक्ष्य समुद्र तक नहीं पहुँच पाता और पृथ्वी पर इधर-उधर बिखरकर समाप्त हो जाता है। किंतु नदी का एक साधारण प्रवाह भी यदि अपने एकमात्र लक्ष्य समुद्र की ओर चलता रहे, तो अन्यान्य छोटे-छोटे निर्झर आदि की अनेक शाखाओं के प्रवाह भी उसमें आकर मिल जाते हैं। अंततः वह बहुत बड़ा प्रवाह बनकर अपने गंतव्य लक्ष्य समुद्र तक पहुँच जाता है। इसी प्रकार एक निश्चित लक्ष्य न होने पर बड़े-बड़े कार्य और परिश्रम से भी जीवन के वास्तविक उद्देश्य की प्राप्ति नहीं हो सकती है।

□

3 समय का प्रबंधन

क्या आपके पास यह पुस्तक पढ़ने का समय है ? यदि नहीं, तो आपको यह पुस्तक अवश्य पढ़नी चाहिए। जीवन में कितनी बार आपने सोचा है कि दिन व रात और बड़े होते तो आप कितना काम और कर सकते थे। आज के तेजी से उन्नति की ओर अग्रसर युग में जब आपके चारों ओर अनगिनत सूचनाओं एवं अवसरों का जाल बिछा है, तब आपके समय का मूल्य आपके धन से भी अधिक महत्त्वपूर्ण आँका गया है। जिस प्रकार आप अपने धन का सदुपयोग करते हैं, उसी प्रकार आपको अपने समय का सदुपयोग सुनिश्चित करना होगा। इसके लिए समय का प्रभावी प्रबंधन करना अति आवश्यक है। समय के समुचित प्रबंधन से ही आपके कार्यों की गुणवत्ता आँकी जा सकती है।

समय का प्रभावी एवं उपयोगी प्रबंधन धन के प्रबंधन से भी अधिक कठिन है, क्योंकि आप धन तो जमा कर सकते हैं और वह घटता-बढ़ता भी रहता है, लेकिन आप समय को जमा करके नहीं रख सकते हैं। यह तो अपनी निश्चित गति से निरंतर पल-पल चलता रहता है और आपके बिना जाने ही व्यतीत होता रहता है।

समय के प्रभावी प्रबंधन के लिए यह आवश्यक है कि आपका शरीर, दिल व दिमाग भी स्वस्थ रहे और इसके लिए यह आवश्यक है कि आप एक नियमित दिनचर्या का पालन करें, नियमित व्यायाम करें, संतुलित भोजन करें, सुबह जल्दी उठकर बहुमूल्य समय का सदुपयोग करें एवं अपने आपको उपयोगी कार्यों में व्यस्त रखें। यह ध्यान रखें कि समय प्रत्येक व्यक्ति के लिए समान रूप से उपलब्ध है। एक व्यस्त व्यक्ति के पास हर कार्य के लिए उचित समय होता है, जबकि आलसी व्यक्ति के पास किसी भी कार्य के लिए समय नहीं होता और वह प्रत्येक

काम को टालता रहता है।

समय-प्रबंधन की आवश्यकता प्रत्येक व्यक्ति के लिए एक जैसी न होकर अलग-अलग होती है और यह इस पर निर्भर करता है कि आप अपने जीवन में क्या करना चाहते हैं ? क्या बनना चाहते हैं ? कितनी उन्नति करना चाहते हैं ? इसके लिए आपको अपनी प्राथमिकताएँ निर्धारित करनी होंगी, अपनी स्थिति निश्चित करनी होगी, आपको अपने कार्य की दिशा निर्धारित करनी होगी।

एक बार यदि आप यह निर्णय कर लें कि आपको क्या-क्या कार्य करने हैं, तभी आप यह निश्चित कर सकेंगे कि किस प्रकार दिन के चौबीस घंटे के समय का उचित उपयोग कर सकते हैं। इस प्रकार आपके सम्मुख उपस्थित अनेक कार्यों की प्राथमिकता तय करना अत्यंत महत्त्वपूर्ण है, क्योंकि समय की निश्चित अवधि को तो आप घटा-बढ़ा नहीं सकते। केवल उसका सदुपयोग कार्यों की उनकी प्राथमिकता एवं महत्त्व के आधार पर कर सकते हैं। यही उचित समय-प्रबंधन का मूलमंत्र है।

अपने समय का उपयोग करते समय आपको यह भी ध्यान रखना होगा कि आपके परिवार, मित्र, सहयोगी आदि भी आपके समय को प्रभावित कर सकते हैं। इसके साथ ही आपको अपने व्यक्तित्व के अनेक पहलुओं का एक-दूसरे के साथ सामंजस्य करना होगा, ताकि आप अपने पास उपलब्ध चौबीस घंटे के समय का अपने व्यवसाय, परिवार, मनोरंजन, स्वास्थ्य जैसी अनेक आवश्यकताओं में बँटवारा कर सकें।

समय-प्रबंधन के संदर्भ में दूसरी महत्त्वपूर्ण बात यह है कि अपने कार्यक्षेत्र में अचानक आनेवाली बाधाओं से निपटने के लिए भी अपने आपको तैयार रखें, क्योंकि यह निश्चित है कि आपके जीवन में अनेक बार अचानक बाधाएँ आएँगी। उन्हें आप टाल नहीं सकते हैं, लेकिन उनसे निपटने के लिए तैयार रह सकते हैं। इस तरह की बाधाओं से निपटने में लगने वाले समय को नष्ट होना न मानें।

इस संदर्भ में तीसरी महत्त्वपूर्ण बात यह है कि भिन्न-भिन्न कार्य-क्षेत्रों में आपके लक्ष्य व उद्देश्य अलग-अलग दिशा में न हों, क्योंकि दैनिक कार्यों में लक्ष्य-प्राप्ति ही आपके साप्ताहिक, मासिक, वार्षिक और अंततः जीवन के लक्ष्य व उद्देश्य प्राप्त करने में सहायक होगी। जब आप अपने दैनिक कार्यों में लक्ष्य-प्राप्ति का निश्चित ध्येय बनाकर, अनुशासनपूर्वक समय का सदुपयोग करते हुए आगे बढ़ेंगे, तभी आप अपने जीवन का लक्ष्य सफलतापूर्वक प्राप्त कर सकेंगे।

समय-प्रबंधन के संदर्भ में चौथी महत्त्वपूर्ण आवश्यकता अपने आपको आलस्य

से दूर रखने की है। काम को टालते रहने की आदत बचपन से ही पड़ जाती है और फिर आज के काम को कल पर टालने की प्रवृत्ति बढ़ती जाती है। इस प्रकार बहुत से ऐसे काम जमा हो जाते हैं, जिन्हें आप किसी-न-किसी कारणवश टालते रहते हैं।

एक सीमा पर आकर अनेक कार्य आपकी पहुँच से बाहर हो जाते हैं और उन्हें पूरा करने के लिए आपके पास समय ही नहीं होता। इस प्रकार अनेक कार्यों में असफल रहने पर आपको आत्मग्लानि होने लगती है। इससे बचने के लिए यह आवश्यक है कि आप अपनी प्राथमिकताओं के आधार पर निर्धारित कार्यों को योजनानुसार संपन्न करते रहें। उन्हें कल पर न टालें और इन पंक्तियों को याद रखें—

"काल करै सो आज कर, आज करै सो अब।
पल में परलय होई है, बहुरि करैगौ कब॥"

इस संदर्भ में पाँचवीं महत्त्वपूर्ण बात यह है कि जीवन में दिन-प्रतिदिन अचानक आने वाली छोटी-छोटी आवश्यकताओं की आपूर्ति के लिए भी कुछ समय देना होगा। बच्चों के लिए, परिवार के लिए, रिश्तेदारों के लिए, अचानक मिले निमंत्रण के लिए, मित्रों से मिलना-जुलने, घर-बाहर के छोटे-मोटे काम करने, कार्यालय में अचानक आनेवाले व्यक्तियों से मिलने, टेलीफोन संदेश जैसे कार्य करने, आपके अधिकारी, साथी एवं मातहत कर्मचारी इत्यादि सभी की कुछ-न-कुछ समस्याओं को हल करने के लिए भी कभी-न-कभी आपको थोड़ा-बहुत समय देना होगा।

चित्र 3.1 : समय आपके नियंत्रण में

आप समाज से अलग-थलग होकर नहीं रह सकते हैं। आप कार्यालय में भी अलग-थलग नहीं रह सकते। आप अपने परिवार और बच्चों को भी उनके भाग्य पर नहीं छोड़ सकते। उनका भविष्य आपको ही सँवारना है। आवश्यक कार्यों के लिए अपना समय अवश्य ही लगाइए, लेकिन अनावश्यक कार्यों के लिए निश्चित रूप से मना कर दीजिए। अपना आपा न खोइए, लेकिन हर काम करने के लिए तैयार होकर न बैठे रहिए। अपने समय का सुचारु रूप से नियमन व नियंत्रण केवल आप ही कर सकते हैं, कोई अन्य व्यक्ति नहीं।

समय-प्रबंधन के संदर्भ में छठी मुख्य बात—पार्किंसन का नियम है। इस नियम की मूल अवधारणा के अनुसार आपके पास जितना समय होगा और आप किसी काम को करने में जितना समय लगाना चाहेंगे, वह काम उतना ही बढ़ता जाएगा। कई बार आपने देखा होगा कि जिस काम को आप टालते आ रहे थे, उसे करने की समय सीमा समाप्त होने को आ गई है और आप हड़बड़ी में उसे जैसे-तैसे पूरा करके छुटकारा पाते हैं। तब क्यों न पहले से ही सुनियोजित ढंग से काम करते हुए कम-से-कम समय में उसे पूरा करें, ताकि आप उसे सफलतापूर्वक पूरा करने का संतोष प्राप्त कर सकें।

सातवीं महत्त्वपूर्ण बात—योजना बनाकर कार्य करते समय 80/20 का नियम भी ध्यान में रखने योग्य है। इस नियम के अनुसार आपके द्वारा व्यय किए गए केवल 20 प्रतिशत समय का आपके उत्पादक तथा उपयोगी कार्यों से सीधा संबंध रहता है, बाकी 80 प्रतिशत समय आप छोटे-छोटे अनुत्पादक एवं अनुपयोगी कार्यों में ही नष्ट कर देते हैं।

इसलिए महत्त्वपूर्ण कार्य आरंभ करने से पहले योजना बनाएँ। सबसे कठिन कार्यों को दिन के आरंभ में करें, जब आप शक्ति से भरपूर रहते हैं। अनेक प्रकार के कार्य आप दूसरे व्यक्तियों को पूरा करने के लिए सौंप सकते हैं। आपको उन पर तथा उनकी कार्यक्षमता पर भी विश्वास करना होगा। अपने साथी, सहकर्मी, कर्मचारी, परिवार के अन्य सदस्य आदि को कुछेक विशिष्ट कार्य सौंपने में हिचकिचाएँ नहीं। यह आपकी अयोग्यता नहीं है। दूसरे व्यक्तियों से काम कराना भी योग्यता है, एक कला है।

समय-प्रबंधन के संदर्भ में आठवीं मुख्य बात—योजनानुसार किए जाने वाले कार्यों के अतिरिक्त भी आपको दिन-प्रतिदिन अपने घर तथा कार्यालय में, डाक से व अन्य आनेवाली अनेक समस्याओं से निपटने के लिए अपना उपयोगी समय लगाना होगा। इस प्रकार अचानक उत्पन्न हुए कार्यों को सफलतापूर्वक संपन्न

करना भी एक कला है। इनको संपन्न करने में लगे समय को नष्ट हुआ न समझें।

समय-प्रबंधन के संदर्भ में नौवीं महत्त्वपूर्ण बात यह है कि अपने घर तथा कार्यालय में अपनी सभी वस्तुएँ यथास्थान ही रखें, ताकि जिस वस्तु की जब आवश्यकता हो, आप आँख मूँदकर उसे उठा सकें और उसका उपयोग करने के पश्चात् उसी स्थान पर वापस भी रख सकें। इसे एक अनिवार्य नियम बना लें—

'प्रत्येक वस्तु का एक निश्चित स्थान हो और उसे उसी स्थान पर रखें।'

समय के मूल्य को सही-सही पहचानकर, उसका नियमन करके उसे सँवारना अपने धन को सँवारने से कहीं अधिक कठिन है।

□

4 समय की निश्चित अवधि

पिछली एक शताब्दी में ही विश्व में अब तक के सबसे अधिक तकनीकी आविष्कार एवं विकास कार्य हुए हैं जिनके कारण एक ओर तो जीवन के अनेक कार्यों को अद्‌भुत गति मिली है तथा दूसरी ओर असीमित सरलता। कुछ ही समय पहले तक व्यक्ति अनेक प्रकार के कार्य इन तकनीकी आविष्कारों के बिना भी कुशलतापूर्वक संपन्न करते रहे। कड़ी मेहनत भी करते रहे, स्वास्थ्यवर्धक मनोरंजन और पारिवारिक व सामाजिक जीवन का आनंद भी लेते रहे।

समय का महत्त्व और सदुपयोग करने के लिए हम एक साधारण गृहिणी की दिनचर्या का ध्यान करें, जो बहुत सवेरे उठकर नित्यकर्म, स्नान-ध्यान के उपरांत बच्चों व पति के लिए नाश्ता तैयार करना, उन्हें स्कूल व ऑफिस भेजना, साबुन घिसकर व पीट-पीटकर कपड़े धोना, घर की साफ-सफाई करना, कपड़े प्रेस करके सहेजकर रखना, पालतू एवं दुधारू पशुओं की देखभाल करना, स्कूल व ऑफिस से बच्चों व पति के लौटने पर नाश्ता-चाय आदि तैयार करना, बाग-बगीचे, फुलवारी की देखभाल करना, अड़ोस-पड़ोस में मेलजोल रखना, शाम के खाने की तैयारी करना, कुछ पढ़ाई-लिखाई, सिलाई-बुनाई करना आदि सभी कार्यों को उचित समय पर पूरा करती है। तात्पर्य यह कि दिन भर के सभी कार्यों को यथासमय संपन्न करती है। आवश्यकतानुसार इनमें पति व बच्चों की मदद लेना भी सम्मिलित है।

क्या आपने कभी सोचा है कि एक साधारण गृहिणी इतने सब काम दिन-प्रतिदिन इतने सुव्यवस्थित ढंग से कैसे कर लेती है। आवश्यकता पड़ने पर पति व बच्चों की क्षमतानुसार उन्हें कुछ काम सौंपकर संपन्न कराती है। निश्चय ही इन सबमें सामान्य-प्रबंधन एवं समय-प्रबंधन से संबंधित सभी नियम लागू होते हैं।

एक साधारण गृहिणी के लिए समय-प्रबंधन जैसा कोई विषय भी नहीं था। आज भी ऐसी कोई शिक्षा गृहिणियों को उपलब्ध नहीं है। सभी बातें अपने-आप सीखकर आदत में ढाली जाती हैं। यही समय प्रबंधन का मूलमंत्र है।

मनुष्य की यह एक अद्‌भुत अभिव्यक्ति है कि प्रत्येक व्यक्ति अलग-अलग तरीके से सोचता व कार्य करता है। अलग सोचने व अलग कार्य करने का तरीका यह निर्धारित करता है कि एक व्यक्ति समयानुसार अनेक कार्य करते हुए भी प्रसन्न रहता है और दूसरा व्यक्ति कोई भी कार्य करते समय यही सोचता रहता है कि उसके पास समय ही नहीं है।

संभवत: आप अपने जीवन का तथा अपने समय का शत-प्रतिशत नियंत्रण तो नहीं कर सकते, लेकिन प्रभावी ढंग से समय का सदुपयोग करने की आदत तो डाल ही सकते हैं। समय नष्ट न करने जैसी छोटी सी उपलब्धि से आप संतोष अनुभव करेंगे और प्राथमिकता के अनुसार अनेक कार्य सफलतापूर्वक संपन्न कर सकेंगे।

इसके लिए आपको केवल अपने समय नियमन व नियंत्रण का अभ्यास करने की आवश्यकता है। समय का महत्त्व पहचानकर एवं उसका मूल्य आँककर, उसे व्यर्थ नष्ट न करने अथवा नष्ट न होने देने का प्रण करना होगा। आपको यह निश्चय करना है कि आप अपने समय का सदुपयोग करना चाहते हैं या नहीं ? यदि हाँ, तो क्या आप इसके लिए समयानुसार परिवर्तन करने के लिए तैयार हैं ? आपको इसके लिए अपने जीवन, जीवन-शैली, कार्य-शैली, घर-परिवार, मित्र, मनोरंजन आदि के तौर-तरीकों में परिवर्तन करने होंगे, ताकि आप अपने समय का प्रभावी ढंग से सदुपयोग कर सकें। यदि आप अपनी साधारण सी आदतों को नहीं बदल सकते, तो आप वही पाएँगे जो आप हमेशा पाते रहे हैं।

समय के संदर्भ में एक महत्त्वपूर्ण बात यह है कि जीवन में प्रत्येक कार्य करने से पूर्व सोच-विचारकर, योजना बनाकर करने की आदत डालिए, लेकिन सोचने और योजना बनाने में ही सारा समय नष्ट न कर दें।

एक बार जब आप अपने जीवन में अनावश्यक अवधारणा व आदतों का निराकरण करने का निश्चय कर लें तब आपको निम्नलिखित प्रश्नों के उत्तर सोचने हैं—

1. आप अपने समय का उपयोग किस प्रकार करते हैं ?
2. किन पुरानी आदतों में बदलाव लाकर आप समय बचा सकते हैं ?
3. आपका सबसे अच्छा, प्रभावी एवं उत्पादक समय दिन में कौन सा

है—सुबह, दोपहर, शाम अथवा रात्रि?

4. समय का सदुपयोग करके आप क्या प्राप्त करेंगे?
5. कम समय में अधिक उपयोगी कार्य करके आप क्या प्राप्त करेंगे?
6. बिना सोचे-विचारे व बिना किसी योजना के कार्य करके आप कितना समय व्यर्थ नष्ट करते हैं?
7. आपके जीवन का उद्‌देश्य क्या है?
8. आप अपने जीवन में क्या करना चाहते हैं?
9. आप अपने जीवन में कितनी उन्नति करना चाहते हैं?
10. आप कौन सा लक्ष्य प्राप्त करना चाहते हैं?
11. आप जीवन में किस प्रकार कार्य करना चाहते हैं?
12. आप अपने जीवन में सफलता किस प्रकार प्राप्त करना चाहते हैं?
13. क्या आप हर समय सभी व्यक्तियों से संपर्क रखते हुए अनेक कार्य करते रहना चाहते हैं?
14. क्या इस प्रकार सभी व्यक्तियों से संपर्क रखने के लिए आप अपना बहुमूल्य समय नष्ट करते रहते हैं और कोई भी कार्य पूरा नहीं कर पाते हैं?
15. क्या आप कोई भी कार्य अंतिम समय तक टालते रहते हैं?
16. क्या आप समय न होने का बहाना बनाकर आवश्यक परंतु कठिन कार्यों को समय पर पूरा नहीं कर पाते हैं?
17. क्या आप किसी भी काम को करने के लिए दूसरे व्यक्तियों को सौंपने से पहले उनकी क्षमता का आकलन कर सकते हैं?
18. क्या आप किसी काम को करने के लिए सही दिशा-निर्देश दे सकते हैं?
19. क्या आप अपनी इच्छानुसार दूसरे व्यक्तियों से काम संपन्न करा सकते हैं?
20. क्या आपको अपनी क्षमताओं पर पूर्ण विश्वास है?
21. क्या आप विश्वास करते हैं कि अपने जीवन एवं अपनी आदतों में आवश्यक परिवर्तन करने में सक्षम हैं?

इन सभी प्रश्नों के उत्तर बहुत कठिन हैं। इसके लिए आपको आत्म-मंथन व मनन करके सही-सही उत्तर ढूँढ़ने होंगे। यदि आप इन्हें लिखते जाएँ तो पाएँगे कि आप अपना अधिकांश समय व्यर्थ के कामों में नष्ट करते हैं और इस प्रकार कोई

भी कार्य पूरा नहीं कर पाते हैं। अपनी असफलताओं के बारे में चिंता न कर तथा अनावश्यक कार्यों को छोड़कर अपना समय बचा सकते हैं।

इसी प्रकार जब आप अपने जीवन के लक्ष्य, उद्देश्य, कार्य-समय आदि के बारे में आत्म-मंथन एवं मनन करके उपर्युक्त प्रश्नों के उत्तर प्राप्त कर लें, तब उन पर अपने परिवार, बच्चों, मित्रों एवं कार्यालय के सहयोगियों से सलाह-मशविरा करने पर उनमें और अधिक सृजनात्मक परिवर्तन कर पाएँगे।

इस संदर्भ में यह उचित होगा कि मित्रों व साथियों से सलाह-मशविरा करने से पहले आप ऐसे सही व्यक्तियों का चयन करें जो स्वयं अपने जीवन में विभिन्न कार्यों में सफलता प्राप्त करते रहे हैं तथा अपने कार्यों, व्यक्तिगत आवश्यकताओं, परिवार, बच्चों, मित्रों आदि के साथ रहते हुए समयानुसार जीवन में उन्नति करते रहे हैं। निम्नलिखित बिंदुओं पर उनसे विचार-विमर्श करना उचित होगा।

1. आप दिन भर के समय को विभिन्न कार्यों में किस प्रकार बाँटते हैं?
2. आप समय नष्ट न करते हुए इसका सदुपयोग करने के लिए किन छोटी-छोटी बातों का ध्यान रखते हैं, जो एक प्रकार से अनजाने में ही आपकी अच्छी आदतें व जीवन शैली बन गई हैं?
3. किस कार्य करते हुए आपको यह सोचना पड़ता है कि आप इस काम को करने में अपना समय नष्ट कर रहे हैं?
4. समय का सदुपयोग करने के लिए आप जीवन की छोटी-छोटी बातों में किस प्रकार परिवर्तन करते रहते हैं?

अपने परिवार, बच्चों, मित्रों एवं सहयोगियों से सलाह-मशविरा करते समय आप पाएँगे कि अनायास ही अनेक उपयोगी सुझाव प्राप्त हो गए हैं, जिनको आप अपनी आवश्यकतानुसार अपनी जीवन-शैली में ढालकर आशा से कहीं अधिक लाभ प्राप्त कर सकते हैं।

व्यक्ति की ध्यानपूर्वक कार्य करने की क्षमता भी दिन के अलग-अलग समय व अलग-अलग परिस्थितियों में व्यक्त होती है। कुछ व्यक्ति सुबह जल्दी उठकर शांत वातावरण में कोई भी काम व्यवस्थित रूप से कर सकते हैं, जबकि कुछ व्यक्ति सुबह देर तक सोने, लेकिन शोर-शराबे के वातावरण में देर रात तक काम करने के अभ्यस्त होते हैं।

इसी प्रकार कुछ व्यक्ति एक समय में एक ही कार्य ध्यानपूर्वक कर सकते हैं, जबकि कुछ व्यक्ति एक साथ एक से अधिक कार्यों पर अपना ध्यान केंद्रित करने की क्षमता रखते हैं। लेकिन एक साथ दसों दिशाओं में भागनेवाले व्यक्ति

कहीं पर भी अपना ध्यान केंद्रित नहीं कर पाते, उन्हें एक ही काम को बार-बार देखना पड़ सकता है, जिसके कारण अनजाने में ही उनका समय नष्ट होता है।

कार्यालय में भी आपके समय-प्रबंधन में आपके मित्रों व सहयोगियों के अतिरिक्त आपके अधिकारियों का सहयोग भी अति आवश्यक है, क्योंकि वहाँ कार्य की प्राथमिकताएँ आपके अधिकारी द्वारा ही निर्धारित की जाती हैं। इसके साथ ही आपकी क्षमता व कमजोरियों के बारे में भी आपके अधिकारी आपसे अधिक जानते हैं। आपके हित में यह उचित होगा कि आप अपने अधिकारियों के विश्वासपात्र बनकर उनका पूर्ण सहयोग प्राप्त करें।

□

5 समय का मूल्यांकन

'समय ही धन है'—इसका अर्थ यह नहीं कि यदि आपके पास अधिक समय है तो आप अधिक धनवान् हैं। प्रत्येक व्यक्ति के पास समान रूप से उतना ही समय उपलब्ध है—प्रत्येक दिन के चौबीस घंटे। इसके विपरीत यदि आप कम समय को अधिक प्रभावी एवं उत्पादक रूप में अपने कार्यालय अथवा व्यवसाय के लिए उपयोग करें तो आप अधिक धन अर्जित कर सकते हैं।

इससे यह सिद्ध होता है कि 'समय धन से भी अधिक मूल्यवान है'। एक बार जब आप यह मान लें कि समय धन से भी अधिक मूल्यवान है, तो यह आपका नैतिक दायित्व हो जाता है कि आप अपने धन से भी अधिक अपने समय की रक्षा करें।

इससे आपको कई लाभ मिल सकता है, जैसे—

1. आप अपने कार्य में दक्षता प्राप्त करके उन्नति कर सकते हैं।
2. आप अपने परिवार की उचित देखभाल कर सकते हैं।
3. आप अपने घर की उचित साज-सँवार कर सकते हैं।
4. आप अपनी नई कार में घूमने-फिरने का आनंद ले सकते हैं।
5. आप इच्छानुसार मनपसंद काम कर सकते हैं।

समय का मूल्यांकन व सदुपयोग करने से पहले आपको अपनी प्राथमिकताएँ अवश्य निर्धारित करनी चाहिए। यदि आप अपने जीवन की दस प्राथमिकताएँ ईमानदारी से लिखना चाहें, तो कुछ इस प्रकार की सूची बना पाएँगे—

1. पत्नी, बच्चे व परिवार।
2. कार्यालय अथवा व्यवसाय।
3. लेखन अथवा अन्य रचनात्मक कार्य।

4. मित्र, रिश्तेदार व समाज।
5. अच्छी नौकरी अथवा अच्छा व्यवसाय।
6. नया घर।
7. नई कार।
8. घर का नया फर्नीचर एवं साज-सज्जा।
9. छुट्टियाँ एवं मनोरंजन।
10. बाग-बगीचे की देखभाल।

अपने जीवन व अपने समय की प्राथमिकताएँ निर्धारित करते समय आपको अपने परिजन, रिश्तेदारों, मित्रों, सहयोगियों, अधिकारियों आदि को दिए जानेवाले समय का भी ध्यान रखना आवश्यक है। इसलिए अपने समय का मूल्यांकन करते समय आपके लिए यह उचित होगा कि आप इन सभी की प्राथमिकताएँ व उनके लिए समय की आवश्यकता को निम्न प्रकार अलग-अलग नोट कर लें, ताकि आप अपनी प्राथमिकताओं से उनका यथासंभव सामंजस्य कर सकें।

परिवार-जन

1. आपके परिवार को आपका कितना समय चाहिए?
2. बच्चों के स्कूल संबंधी कार्यों के लिए आपका कितना समय चाहिए?
3. घर में देखभाल व साज-सँवार के लिए आपका कितना समय चाहिए?
4. घर-परिवार के अन्य कार्यों के लिए आपका कितना समय चाहिए?
5. परिवार-जनों के मनोरंजन आदि के लिए आपका कितना समय चाहिए?
6. परिवार की स्वास्थ्य संबंधी आवश्यकताओं के लिए कितना समय चाहिए?
7. अचानक, अप्रत्याशित कार्यों के लिए आपका कितना समय चाहिए?

मित्र व रिश्तेदार

1. आपके मित्रों व रिश्तेदारों के लिए कितना समय चाहिए?
2. क्या मित्रों व रिश्तेदार आदि के साथ भोजन आदि के समय ही बातचीत करके समय का उपयोग किया जा सकता है?
3. आपके किन-किन मित्रों, रिश्तेदारों व उनके परिवारजनों से कितना संबंध रखना आपके लिए सामाजिक रूप से आवश्यक है?
4. क्या उन व्यक्तियों से यदा-कदा टेलीफोन पर बातचीत की जा सकती है?

5. मित्रों, रिश्तेदारों व उनके परिवारजनों से सामाजिक मेल-जोल आदि के लिए आपका कितना समय नितांत आवश्यक है ?

सहयोगी/सहकर्मी/कर्मचारी/ अधिकारी

1. आपके सहयोगी, सहकर्मी, कर्मचारी, अधिकारी आदि आपका कितना समय कब और किस प्रकार के कार्य व सलाह-मशविरे के लिए चाहते हैं ?
2. क्या उनसे निश्चित दिन व समय पर मिलना है अथवा अपने नियमित कार्य-समय के अतिरिक्त मुलाकात करनी है ?
3. क्या उनके साथ किसी मीटिंग आदि में शामिल होना है ?
4. क्या अवकाश के दिनों में भी उनसे मुलाकात करनी है ?
5. क्या कार्यालय से वापसी के बाद भी उन व्यक्तियों से टेलीफोन पर नियमित रूप से बातचीत करनी है ?
6. क्या कार्यालय के सिलसिले में अधिकतर यात्रा करने की आवश्यकता है ?
7. छोटे-छोटे अनेक कार्यों के लिए आपको कितना समय चाहिए ?
8. क्या उस समय का अन्य उत्पादक कार्यों में प्रभावी रूप से उपयोग किया जा सकता है ?
9. कार्यालय के अतिरिक्त इन कार्यों के लिए आपको कितना समय चाहिए ?

उपर्युक्त विवरण के अनुसार विभिन्न आवश्यकताओं को पूरा करने के लिए सारा सभय लगा देना लगभग असंभव ही है। यदि आप अपना सारा समय लगाकर भी उन सब कार्यों को पूरा कर दें, तो भी आप सबको संतुष्ट नहीं कर पाएँगे। इसके अतिरिक्त आप अपने नियमित एवं आवश्यक कार्य पूरे न कर पाने की त्रासदी भी निरंतर झेलते ही रहेंगे।

इन सबके अतिरिक्त आपको कंप्यूटर पर कार्य करने के लिए, टेलीफोन/सेलफोन/फैक्स/ ई-मेल आदि के लिए, अति आवश्यक मिलने-जुलनेवाले व्यक्तियों के लिए, अधिकारियों से आवश्यक मुलाकात के लिए तथा इसी प्रकार के अन्य अनेक कार्य करने के लिए अपना कुछ समय आवश्यकतानुसार देना ही पड़ेगा। वैसे आप पाएँगे कि इन सब उपकरणों की सहायता से आप और अधिक कार्य करने की क्षमता प्राप्त कर सकते हैं। यही बात हमें आभास कराती है कि हम उतने ही समय में सब कुछ कर सकते हैं, जबकि इतना सब कार्य करने का समय नहीं जुटा पाते।

यहीं पर अनेक कार्यों के लिए प्राथमिकता के निर्धारण का महत्त्व है, ताकि उसके अनुसार एक-एक काम किया जा सके।

यह प्राथमिकता निर्धारण भी एक बार नहीं, बल्कि दिन-प्रतिदिन के कार्यों के लिए नियमित रूप से करते रहना आवश्यक है। दिन-प्रतिदिन के कार्यों में लक्ष्य प्राप्ति के अनुकूल ही आप अपने साप्ताहिक, मासिक, वार्षिक और अंतत: जीवन के लक्ष्य प्राप्त करने के लिए निरंतर प्रयत्नशील रह सकते हैं।

आपको अपने समय के सदुपयोग के क्रम में अपनी आवश्यकताओं व अन्य अनेक व्यक्तियों की आकांक्षाओं का उचित सामंजस्य भी करना होगा। आप यह निश्चित जान लें कि आप अपने आस-पास के तथा अपने संपर्क के सभी व्यक्तियों की सभी आकांक्षाएँ पूरी करने के लिए अपना सारा समय नष्ट नहीं कर सकते हैं। आप किसी भी हालत में उन सबको पूरा कर भी नहीं सकते हैं। इस बारे में संबंधित व्यक्तियों से समय-समय पर बात करते रहना, उनकी आकांक्षाएँ समझना तथा उन्हें अपनी कठिनाइयाँ बताकर अपनी असमर्थता जताना, बल्कि साफ-साफ शब्दों में दृढ़ता के साथ, लेकिन शालीनता से 'नहीं' कहना अति आवश्यक है।

संभवत: एक बार 'नहीं' कहने से मन-मुटाव उत्पन्न हो जाए, लेकिन आपको अपनी स्थिति स्पष्ट करने के लिए यह आवश्यक है। इस प्रकार आप इस बारे में निरंतर सोचते रहकर दु:खी होने से छुटकारा पा जाएँगे। एक बार जब आप अपनी क्षमताएँ व कमजोरियाँ पहचान लेंगे और अन्य व्यक्तियों को इन्हें समझा पाएँगे, तभी आप अपने समय के सदुपयोग की सीमाएँ भी सही रूप में निर्धारित कर पाएँगे, तब आपको अनावश्यक कार्यों का बोझ उठाने की विवशता भी नहीं रहेगी।

साधारणत: प्राकृतिक नियमों के अनुसार आप अपने चौबीस घंटे के समय में से लगभग एक तिहाई समय आठ घंटे सोने में बिता देते हैं तथा दूसरा एक तिहाई समय आठ घंटे उत्पादक एवं प्रभावी कार्य करने में उपयोग कर सकते हैं। बाकी का एक तिहाई समय आठ घंटे आपको अपने परिवारजन, मित्रों, सामाजिक मेल-जोल, यात्रा, भोजन, दैनिक जीवन की अन्य अनेक आवश्यकताओं एवं मनोरंजन आदि के लिए आवश्यक हैं।

इसके अपवाद भी हो सकते हैं। कुछ व्यक्ति कार्यालय में आठ घंटे काम करने के बाद भी लगभग 3-4 घंटे का अतिरिक्त कार्य लेकर घर आते हैं और उसे पूरा भी करते हैं अथवा फिर कार्यालय में ही 10-12 घंटे तक कार्य करते रह सकते हैं। चूँकि कुछ व्यक्ति ऐसा कर सकते हैं, इसका यह अर्थ नहीं कि आप भी ऐसा कर सकते हैं। यह निश्चित है कि प्रत्येक व्यक्ति की कार्य क्षमता व कमजोरियाँ

अलग-अलग होती हैं।

इसी प्रकार आपको अपने परिवारजनों, रिश्तेदारों, मित्रों, सहयोगियों आदि को यह बताते रहना होगा कि उनको आपके कितने समय की, किस कार्य के लिए, कब आवश्यकता है तथा आप उनसे क्या आशा रखते हैं, ताकि आप योजना बना सकें और अपना समय व्यर्थ नष्ट होने से बचा सकें। यद्यपि अपने समय की आवश्यकताओं के बारे में दूसरों को निरंतर बताते रहना तथा उनकी उचित आकांक्षाओं के प्रति अपना दृष्टिकोण स्पष्ट रखना कोई आसान काम नहीं है।

समय के उचित प्रबंधन के बारे में एक बहुत उपयोगी ध्यान देने योग्य बात यह है कि जीवन में मुख्यतः दो तरह के कार्य होते हैं। एक वे—जिन्हें करना आप पसंद करते हैं यानी जिन्हें संपन्न करके अथवा जिनमें अपना योगदान देकर प्रसन्नता अनुभव करते हैं। दूसरे प्रकार के कार्य वे होते हैं जिन्हें आपको मजबूरी में करना पड़ता है और उन्हें किसी प्रकार पूरा करके भी आप संतुष्ट व प्रसन्न नहीं हो पाते हैं। साधारणतः आप अपनी पसंद के हलके-फुलके काम पहले पूरे करते हैं तथा बड़े-बड़े व कठिन कार्यों को, जिन्हें आप पसंद नहीं करते, बाद में पूरा करने के लिए इकट्ठा करते रहते हैं। इस प्रकार आप पाएँगे कि अनेक बड़े-बड़े व कठिन कार्य आपके पास जमा हो गए हैं, जिन्हें पूरा करने के लिए संभवतः आपको बहुत अधिक समय की आवश्यकता होगी।

यदि आप पहले ही सोच-समझकर अपने सबसे ऊर्जावान् समय में सबसे कठिन कार्य करने का नियम बना लें तो वे सब काम आसानी से पूरे होते जाएँगे। उसके बाद छोटे-छोटे व हलके-फुलके काम बचे समय में आसानी से संपन्न कर सकते हैं। इसी प्रकार बड़े-बड़े व कठिन कार्यों को छोटे-छोटे टुकड़ों में बाँटकर आप थोड़े-थोड़े समय में आसानी से पूरा कर सकते हैं। ऐसा करना अधिक उपयोगी सिद्ध हो सकता है।

आपके पास उपलब्ध समय की उपयोगिता का मापदण्ड निश्चित करने के लिए आपको अपने जीवन के विभिन्न लक्ष्यों का उचित निर्धारण करना होगा एवं उनको प्राप्त करने के लिए आवश्यक संसाधनों के साथ-साथ समय का भी मूल्यांकन करना होगा।

जिस प्रकार आप कहीं बाहर यात्रा पर निकलने से पूर्व उसके लिए आवश्यक समय व धन की व्यवस्था करते हैं, ताकि आपकी यात्रा में अनायास कोई रुकावट न आए, उसी प्रकार आपको अपनी जीवन-यात्रा सफलतापूर्वक संपन्न करने के लिए आवश्यक समय रूपी धन व अन्य संसाधनों का समुचित उपयोग सुनिश्चित

करते रहना होगा।

अपनी क्षमताओं का भी आपको उचित मूल्यांकन करते रहना होगा। आप अपने कार्यों व अपनी क्षमताओं की तुलना अनावश्यक रूप से अन्य व्यक्तियों से करने का प्रयत्न न करें। प्रत्येक व्यक्ति की कार्य करने की क्षमता अलग-अलग होती है। एक बार जब आप अपनी क्षमताओं व कमजोरियों का उचित मूल्यांकन कर लेंगे तब आप अपने समय का विभिन्न कार्यों में प्रभावी रूप से उपयोग कर सकेंगे।

निरंतर अभ्यास करके ही आप अपने समय में अधिकतम कार्य कर सकते हैं। लेकिन ऐसा करके आप यह न सोचिए कि बहुत सारा समय आपके पास अन्य कार्यों के लिए बच जाएगा। पार्किंसन के नियम के अनुसार, ''आपके पास किसी काम के लिए जितना अधिक समय उपलब्ध है, उसे पूरा करने के लिए आपका कार्य उतना ही बढ़ता जाएगा।''

समय के सदुपयोग के संदर्भ में यह भी आवश्यक है कि आप अपनी आदतें बदलने के लिए, अपनी जीवन-शैली व अपनी कार्य-शैली में परिवर्तन करने के लिए धीरे-धीरे प्रयत्न करते रहें। आप एकदम से सभी चीजें नहीं बदल सकते है। आप अपनी दृढ़ इच्छाशक्ति एवं परिवारजनों, मित्रों व सहयोगियों के साथ सामंजस्य एवं समन्वयन करके ही अपने समय का प्रभावी रूप से सदुपयोग करने के लक्ष्य को प्राप्त कर सकेंगे।

□

6 समय निर्धारण की आवश्यकता

इससे पहले कि हम समय-प्रबंधन के बारे में और अधिक विचार-विमर्श करें, यह निश्चय करना आवश्यक है कि उचित प्रकार से अपने समय का सदुपयोग करके जो समय आप बचा सकेंगे, क्या उसका अन्य कार्यों में कुछ सदुपयोग कर सकेंगे अथवा उसे व्यर्थ कामों में नष्ट करेंगे।

कोई भी कार्य संपन्न करने की वास्तविक आवश्यकता के अनुसार ही उसके लिए समय निर्धारित किया जाए तथा उतने समय में ही उसे पूरा किया जाए।

अपने विभिन्न कार्यों व समय का विश्लेषण करने के लिए आपको निम्नलिखित बिंदुओं पर विस्तृत विचार-विमर्श करना अति आवश्यक है—

1. आपको किस प्रकार के उत्पादक कार्यों के लिए अधिक समय चाहिए?
2. क्या आपको अपने परिवारजनों के लिए अधिक समय चाहिए?
3. क्या आपको अपने मित्रों व सहयोगियों के लिए अधिक समय चाहिए?
4. क्या आप प्रतिदिन के चौबीस घंटे में अड़तालीस घंटे कार्य करने की योजना बनाते हैं?
5. क्या आपने अपने जीवन की कोई निश्चित दिशा निर्धारित की है?
6. क्या आप समय-प्रबंधन कला सीखकर अधिक उत्पादन कार्य कर सकेंगे?
7. क्या आप सोचते हैं कि अधिक देर तक काम करके आप अधिक काम कर सकेंगे?
8. क्या आप अपने विभिन्न कार्यों को व्यवस्थित रूप से करते हैं अथवा

अस्त-व्यस्त रूप से ?

9. क्या आप एक समय में अनेक काम करने की कला सीखना चाहते हैं ?
10. क्या आप अधिकतर कार्य अंतिम तिथि व अंतिम समय पर पूरा करने की मानसिकता से त्रस्त रहते हैं ?
11. क्या आप कोई कार्य करते समय अनावश्यक रूप से तनावग्रस्त रहते है ?
12. क्या आप समय के उचित सदुपयोग एवं प्रभावी प्रबंधन की कला सीखकर अपने जीवन को उचित दिशा देना चाहते हैं ?

समय के सदुपयोग एवं प्रभावी प्रबंधन के अगले चरण में यह विचार करना है कि आपको और अधिक या अतिरिक्त समय की किस कार्य विशेष के लिए आवश्यकता है। इसके लिए निम्नलिखित बातों पर विचार कीजिए—

1. अतिरिक्त समय में आप क्या-क्या कार्य करेंगे ?
2. आपको किन-किन व्यक्तियों के लिए अधिक समय देना होगा ?
3. आपकी नितांत निजी आवश्यकताएँ क्या हैं ?
4. अतिरिक्त समय में क्या आप वे कार्य करेंगे जो अब तक नहीं कर पाते हैं या जो कार्य आप अभी कर रहे हैं उन्हीं के लिए अधिक समय चाहिए ?
5. आपके द्वारा विभिन्न कार्यों की प्राथमिकता निर्धारण का आधार क्या है ?
6. किन-किन कार्यों में से आप कुछ समय बचा सकते हैं ?
7. आप अपने जीवन में कुछ उपलब्धि प्राप्त करना चाहेंगे अथवा अपने जीवन की वर्तमान परिस्थितियों से संतुष्ट हैं ?
8. क्या आपको अपनी कार्य-क्षमता की तुलना में बहुत अधिक कार्य करने पड़ते हैं और आप उन्हें पूरा न कर पाने के तनाव से सदा त्रस्त रहते हैं ?
9. क्या इस प्रकार बहुत अधिक काम के बोझ के फलस्वरूप उत्पन्न तनाव आपके स्वास्थ्य को प्रभावित करता है ?
10. क्या आप अपने मनोरंजन व आराम अथवा व्यायाम आदि के लिए पर्याप्त समय निकाल पाते हैं ?
11. क्या आप अपने कार्यालय व घर में सभी वस्तुओं को सुव्यवस्थित

रखते हैं?

12. क्या आप अपने परिवारजन व मित्रों के साथ बैठकर भोजन का आनंद लेते हैं अथवा तनावपूर्ण वातावरण में ही कार्य करते रहने के बीच कुछ भी खाकर खाने की औपचारिकता पूरी करते हैं?
14. क्या आप अपनी परिस्थितियों से बहुत शीघ्र निराश हो जाते हैं?

समय के सदुपयोग एवं प्रभावी प्रबंधन के क्रम में अति आवश्यक है कि आप यह निर्णय कर सकें कि आपकी अधिक या अतिरिक्त समय की आवश्यकता किन-किन विशेष कार्यों से संबंधित है। इसके लिए आप ईमानदारी से उन सब कार्यों को केवल तीन भागों में बाँटिए, जो आपके लिए सर्वाधिक महत्त्वपूर्ण हैं, जो अति आवश्यक हैं और जिन्हें आप अपने जीवन कार्यों की दिशा से अलग करके नहीं रख सकते हैं—

1. ऐसे कार्य, जिनके बिना आपका जीवन व्यर्थ है।
2. ऐसे कार्य, जो आपके लिए अत्यंत महत्त्वपूर्ण हैं।
3. ऐसे कार्य, जिन्हें आप अवश्य करना चाहेंगे।

क्या आपसे अचानक ही बिना किसी कारण या बिना किसी विशेष कार्य के मिलने-जुलने वाले व्यक्तियों की संख्या आशा से अधिक हो जाती है? क्या आप इन्हें रोक नहीं पाते हैं? और इस प्रकार अपने समय को व्यर्थ नष्ट करके भी उन्हें खुश करना चाहते हैं?

इससे बचाव के लिए यह अति आवश्यक है कि आप बिना किसी विशेष कार्य अथवा बिना किसी कारण मिलने-जुलनेवाले व्यक्तियों को मना करना सीखें। दूसरी महत्त्वपूर्ण बात है कि आप अपनी क्षमता के अनुसार ही कार्य करना आरंभ करें एवं निर्धारित समय में उसे पूरा करने का प्रयत्न करें।

इसी प्रकार आपका जितना भी समय व्यर्थ नष्ट हो गया है, उसे भी आप कुछ भागों में बाँटकर और अधिक विश्लेषण कर सकते हैं। इससे यह पता चलेगा कि आप व्यर्थ नष्ट किए गए समय में से कितना समय बचाकर उपयोगी काम कर सकते थे।

नष्ट किए गए समय का मूल्यांकन

व्यवधान विवरण	कितने समय तक
1. अचानक मिलनेवाले व्यक्ति	
2. टेलीफोन इत्यादि	

3. अकारण सोच-विचार आदि
4. अनावश्यक कार्य आदि
5. अन्य छोटे-छोटे कार्य

इस प्रकार के अनेक व्यवधानों का आपके घर-परिवार तथा कार्यालय अथवा व्यवसाय से संबंधित कार्य विवरण का अलग-अलग विश्लेषण करने के लिए भी अलग से दोनों के लिए एक-एक विवरण-तालिका बनाना आवश्यक है।

कार्यालय/व्यवसाय से संबंधित समय का मूल्यांकन

कार्य विवरण	समय की अवधि
1. दिन भर की कार्य योजना	
2. सहकर्मियों से सलाह-मशविरा	
3. आवश्यक निर्देश आदि	
4. पत्र, डाक आदि देखना व उत्तर देना	
5. टेबल पर कागज-पत्र आदि व्यवस्थित करना	
6. कार्य विशेष पर ध्यान देना	
7. कार्यालय/ व्यवसाय संबंधी यात्रा	
8. मिलनेवाले व्यक्तियों से बातचीत करना	
9. मीटिंग आदि में भागीदारी	
10. दिन-प्रतिदिन के आवश्यक पत्रादि देखना	
11. अन्य व्यक्तियों को कार्य-निर्देश देना	
12. अव्यवस्थित वस्तुओं की तलाश करना	
13. रिपोर्ट आदि विवरण देखना	
14. अचानक मिलनेवाले व्यक्तियों से संक्षिप्त बातचीत	
15. कार्य पूरा न होने पर चिंता	
16. आवश्यक कार्य तुरंत निपटाना	
17. अधिकारियों से बातचीत	
18. अधूरे कार्य कल के लिए सहेजकर रखना	
19. टेलीफोन, फैक्स आदि देखना व उत्तर देना	
20. अन्य छिटपुट कार्यों पर ध्यान देना	
21. कल के कार्यों की संक्षिप्त योजना बनाना।	

घर-परिवार के कार्यों के समय का मूल्यांकन

कार्य विवरण	समय की अवधि
1. दिन भर की कार्य-योजना बनाना	
2. बाहर जाने की तैयारी करना	
3. परिवारजनों से संबंधित कार्य करना	
4. बाजार से खरीदारी आदि करना	
5. घर के अन्य छोटे-छोटे कार्य करना	
6. बजट विवरण बनाने पर विचार करना	
7. अव्यवस्थित वस्तुओं की तलाश करना	
8. टेलीफोन पर बातचीत करना	
9. मिलने-जुलनेवाले व्यक्तियों से बातचीत करना	
10. हवाई महल बनाना, गपशप करना	
11. अधूरे कार्यों को कल के लिए टालना	
12. डॉक्टर, दवा आदि का प्रबंध करना	
13. घर-बाहर के छिटपुट कार्य करना	
14. व्यक्तिगत कार्य करना	
15. अचानक मिलने आने वाले व्यक्तियों से बात करना	
16. सामाजिक समारोह में भागीदारी सुनिश्चित करना	
17. परिवारजनों से सलाह-मशविरा करना।	

इस प्रकार जब आप दिन भर के व्यस्त कार्यक्रम को विभिन्न श्रेणियों में बाँट लेंगे, तब अपने आप ही इनमें से व्यर्थ नष्ट हुए समय का निम्न प्रकार सारांश बना पाएँगे—

1. कार्य पूरे न होने पर अधूरे छोड़ना
2. कार्यों के बीच-बीच में व्यवधान पड़ना
3. कार्य की गलत योजना बनाना
4. गलत निर्देश आदि देना
5. स्वयं द्वारा किए गए कार्यों का नियमन करना
6. अचानक मिलनेवाले व्यक्तियों से बातचीत करना
7. शीघ्रता करने से कार्य में गलती होना
8. अन्य व्यक्तियों को कार्य न सौंपना

9. आधे-अधूरे लक्ष्य, उद्देश्य व दिशा में कार्य करना
10. अव्यवस्थित रूप से कार्य करना।

इस प्रकार जब आप एक ओर अपने कार्यालय तथा घर पर विभिन्न कार्यों में लगनेवाले उत्पादक, उपयोगी एवं प्रभावी समय का तथा दूसरी ओर व्यर्थ नष्ट किए गए समय का संकलन एवं वर्गीकरण कर लेंगे कि किन कार्यों को करने में अथवा किन समस्याओं से निपटने में आपका बहुत सारा समय व्यर्थ ही नष्ट हो जाता है और उसे किस प्रकार नियंत्रित करके या धीरे-धीरे कम करके, अन्य उत्पादक, उपयोगी एवं प्रभावी कार्यों के लिए उपयोग किया जा सकता है।

इस संदर्भ में सबसे महत्त्वपूर्ण व ध्यान रखने योग्य बात यह है कि अपने जीवन-दर्शन एवं अपनी कार्य-शैली में समय-समय पर आवश्यक परिवर्तन करके अपने बहुमूल्य समय का नियंत्रण, नियमन एवं प्रभावी सदुपयोग करने का निर्णय केवल आपको करना होगा।

□

7

समय-प्रबंधन की दिशा एवं प्राथमिकताएँ

नष्ट हुए समय का सारांश बनाने के बाद आप देखेंगे कि आपका सारा समय एक साथ ही खर्च नहीं हो जाता है, बल्कि छोटे-छोटे टुकड़ों में अनेक कार्यों में, अनेक घटनाओं में आपके बिना जाने, खर्च होता रहता है। इन छोटी-छोटी अनेक घटनाओं में लगनेवाले समय को आप एक निश्चित योजना के अंतर्गत कार्य करके नियंत्रित कर सकते हैं।

किसी भी कार्य को सही प्रकार से समय पर करने के लिए निम्नलिखित चरणों में संपन्न करना अति आवश्यक है—

1. लक्ष्य, उद्देश्य व दिशा का निश्चय करना
2. कार्य की योजना बनाना
3. आवश्यक निर्णय करना
4. उपर्युक्त निर्णय के अनुसार कार्य करना
5. परिणाम पर विचार करना
6. प्रक्रिया का नियमन करना व नियंत्रण रखना
7. संबंधित व्यक्तियों से विचार-विमर्श करना।

दिन-प्रतिदिन के अनेक कार्यों की प्राथमिकता निर्धारित करने के लिए यह उचित होगा कि सबसे पहले आप दिन भर में करने वाले विभिन्न कार्यों की एक सूची इस प्रकार बना लें—

दिन भर के कार्यों की साधारण सूची

क्रम संख्या	कार्य विवरण
1.	अखबार पढ़ना
2.	डाक देखना व उत्तर लिखना
3.	बाग-बगीचे की देखभाल करना
4.	व्यक्तिगत कार्य, स्नान, पूजा आदि करना
5.	बिजली, टेलीफोन आदि के बिल जमा करना
6.	बाजार से घरेलू सामान, सब्जी आदि खरीदना
7.	पड़ोसियों, मित्रों आदि से बातचीत करना
8.	व्यायाम करना, घूमने जाना
9.	सामाजिक, धार्मिक मेल-जोल कार्यक्रम में भाग लेना
10.	यात्रा योजना, रिजर्वेशन, अन्य प्रबंध करना
11.	कार की साफ-सफाई, तेल, पेट्रोल आदि का प्रबंध करना
12.	पत्र-पत्रिका आदि पढ़ना
13.	पुस्तकों, पत्रिकाओं आदि का अध्ययन करना
14.	घर में साफ-सफाई करना व सुव्यवस्था रखना
15.	अन्य छिटपुट कार्य करना।

उपर्युक्त कार्यों की साधारण सूची बनाने के बाद आप देखेंगे कि आपके पास दिन भर करने के लिए अनेक काम हैं, जिन्हें आप कब से टालते रहे हैं और उन सब को आज ही करना है। चूँकि विभिन्न कार्यों को आप एक-एक करके ही पूरा कर सकते हैं, इसलिए यह आवश्यक है कि इन्हें प्राथमिकता के अनुसार दिन भर के समय में बाँटकर पुनर्विचार करें।

इसको ध्यान में रखते हुए आपके द्वारा दिन भर के उपर्युक्त कार्यों की प्राथमिकता सूची इस प्रकार बनाई जा सकती है—

दिन भर के कार्यों की प्राथमिकता सूची

प्राथमिकता	कार्य विवरण
1.	व्यायाम करना, घूमने जाना
2.	अखबार पढ़ना
3.	बाग-बगीचे या पौधों की देखभाल करना

4. कार की साफ-सफाई, तेल, पेट्रोल आदि का प्रबंध करना
5. घर की साफ-सफाई, साज-सज्जा रखना
6. व्यक्तिगत कार्य, स्नान, पूजा आदि करना
7. बिजली, टेलीफोन आदि के बिल जमा करना
8. डाक देखना, पत्रोत्तर लिखना
9. यात्रा की योजना, आरक्षण, अन्य प्रबंध आदि करना
10. किताब के अगले पृष्ठ लिखना
11. बाजार से घरेलू सामान, सब्जी आदि की खरीदारी करना
12. पत्र-पत्रिका, पुस्तक आदि पढ़ना
13. पड़ोसियों, मित्रों आदि से बातचीत करना
14. सामाजिक, धार्मिक मेल-जोल आदि कार्यक्रमों में शामिल होना
15. अन्य छिटपुट कार्य करना।

अपने विभिन्न कार्यों की प्राथमिकताएँ निर्धारित करते समय आपको अप्रत्याशित कार्यों के लिए भी कुछ समय अवश्य रखना होगा और यह भी ध्यान में रखना होगा कि कौन-कौन से काम अति आवश्यक हैं, जिन्हें तुरंत पूरा करना जरूरी है।

इस प्रकार आप देखेंगे कि अपने दिन भर के सभी कार्यों की प्राथमिकता निर्धारित करने का अर्थ यह नहीं है कि आप कब वे सब काम करेंगे। इसका अर्थ केवल इतना है कि आपके द्वारा किए जाने वाले अनेक कार्यों में से किस-किस कार्य का कितना महत्त्व है, किसे पहले करना है और किसे बाद में करना है।

इसी प्रकार अपने कार्यों की प्राथमिकता निर्धारित करते समय आपको निम्नलिखित विभिन्न क्षेत्रों की अनेक प्राथमिकताओं का एक-दूसरे में सामंजस्य करना भी आवश्यक है, ताकि उनको करते समय परस्पर टकराव की स्थिति उत्पन्न न हो—

विभिन्न प्राथमिकताओं की तालिका

1. व्यक्तिगत प्राथमिकताएँ
2. कार्यालय एवं व्यावसायिक प्राथमिकताएँ
3. पारिवारिक एवं मित्रों व रिश्तेदारों से संबंधित प्राथमिकताएँ
4. शैक्षिक योग्यता वृद्धि संबंधी प्राथमिकताएँ
5. स्वास्थ्य संबंधी प्राथमिकताएँ
6. सामाजिक एवं धार्मिक कार्यों से संबंधित प्राथमिकताएँ

7. मनोरंजन एवं यात्रा-योजना संबंधी प्राथमिकताएँ
8. नवीन योजनाओं से संबंधित प्राथमिकताएँ
9. आर्थिक व्यवस्था संबंधी प्राथमिकताएँ।

व्यक्तिगत प्राथमिकताएँ

सबसे अधिक महत्त्वपूर्ण अपनी निजी प्राथमिकताएँ हैं, जिन पर आपको यथेष्ट ध्यान देने की आवश्यकता है। आपकी व्यक्तिगत प्राथमिकताएँ आपके कार्यालय तथा घर-परिवार के सदस्यों की प्राथमिकताओं से एकदम अलग हो सकती हैं।

अपनी व्यक्तिगत प्राथमिकताएँ व्यक्त करते समय आप भावुक भी हो सकते हैं और ऐसी बातें भी लिख सकते हैं, जिन्हें आप संभवत: कभी पूरा न कर सकें। अकसर आपकी व्यक्तिगत प्राथमिकताओं का आपके कार्यालय/ व्यवसाय की प्राथमिकताओं से टकराव भी हो सकता है।

इस संदर्भ में आपको निम्नलिखित बिंदुओं पर विचार करना है—

1. आप अपने जीवन से क्या आशा रखते हैं?
2. आप अपने जीवन में क्या करना चाहते हैं?
3. अपनी पसंद के शौक पूरे करने के लिए आप कितना समय दे सकते हैं?
4. आप कौन-कौन सी पुस्तकें पढ़ना चाहते हैं?
5. आप किस प्रकार का मनोरंजन पसंद करते हैं?
6. क्या आप अपनी शैक्षिक योग्यता बढ़ाने के इच्छुक हैं?
7. आप कैसा जीवनसाथी चाहते हैं?
8. आप जीवन में किस प्रकार उन्नति करना चाहते हैं?
9. आप अपने आस-पास के परिवेश को कितना महत्त्वपूर्ण मानते हैं?

कार्यालय एवं व्यावसायिक प्राथमिकताएँ

अपने कार्यालय की तथा अन्य व्यावसायिक प्राथमिकताएँ निर्धारित करते समय भावुकता छोड़कर यथार्थ स्तर पर सोच-विचार करना होगा। आपको यह भी निश्चय करना है कि व्यावसायिक प्राथमिकताओं को यथासमय पूरा करने के लिए आपको क्या-क्या उपाय करने आवश्यक हैं।

इसके साथ-साथ व्यावसायिक प्राथमिकताएँ निर्धारित करते समय आपको अपने कार्यालय में अधिकारियों, सहयोगियों, कर्मचारियों, ग्राहकों आदि सभी की प्राथमिकताओं से टकराव की स्थिति से बचते हुए सामंजस्य स्थापित करना भी

आवश्यक है। इसके लिए निम्नलिखित बिंदुओं पर विचार-विमर्श करना होगा—

1. अपने व्यवसाय में वृद्धि करने के उपाय
2. अपनी नौकरी में पदोन्नति के उपाय
3. अपनी आय में वृद्धि के उपाय।

पारिवारिक एवं सामाजिक प्राथमिकताएँ

आपकी पारिवारिक, सामाजिक एवं मित्रों की प्राथमिकताएँ व्यक्तिगत प्राथमिकताओं के समान ही होनी चाहिए, लेकिन कई बार ये अलग भी हो सकती हैं। इन सबको पूरा करने के लिए आपको यह विचार करना होगा कि उनको आप कितना चाहते हैं और उनके लिए आप क्या-क्या कर सकते हैं। इनमें सामंजस्य स्थापित करने के लिए संभवत: आपको अपनी प्राथमिकताओं में परिवर्तन भी करना पड़ सकता है।

शैक्षिक योग्यता-वृद्धि हेतु प्राथमिकताएँ

अपनी शैक्षिक योग्यता-वृद्धि संबंधी प्राथमिकताओं पर भी विचार करते समय आपको व्यक्तिगत, पारिवारिक, सामाजिक आदि प्राथमिकताओं से टकराव की स्थिति से बचने के लिए इनमें आवश्यक परिवर्तन करना पड़ सकता है। संभवत: आपको आशा से कहीं अधिक समय शैक्षिक योग्यता संबंधित कार्यों के लिए देना होगा।

स्वास्थ्य संबंधी प्राथमिकताएँ

जीवन में कुछ भी करने के लिए आपका स्वस्थ रहना अति आवश्यक है और आपकी स्वास्थ्य संबंधी प्राथमिकताएँ आपकी सूची में सबसे ऊपर होनी चाहिए ताकि शारीरिक व्यायाम, घूमने-फिरने आदि के लिए पर्याप्त समय दे सकें।

सामाजिक व धार्मिक कार्यों की प्राथमिकताएँ

सामाजिक, धार्मिक एवं यात्रा संबंधी प्राथमिकताएँ निर्धारित करते समय ही आप अपनी व्यक्तिगत, पारिवारिक एवं व्यावसायिक प्राथमिकताओं का भी इनके साथ उचित सामंजस्य कर सकते हैं, ताकि विभिन्न क्षेत्रों में कार्य करने के क्रम में टकराव की स्थिति से बचकर सबके लिए आप पर्याप्त समय दे सकें।

मनोरंजन एवं यात्रा योजना संबंधी प्राथमिकताएँ

अधिकतर व्यक्ति अपनी छुट्टियाँ अपने परिवार अथवा मित्रों के साथ बिताना पसंद करते हैं। लेकिन व्यावसायिक आवश्यकताओं के कारण ऐसा नहीं कर पाते हैं। इन सब में सामंजस्य स्थापित करके प्राथमिकताओं का उचित निर्धारण करना भी

एक कला है, जिसे सीखना आपके हित में होगा।

छुट्टियों एवं मनोरंजन आदि के बारे में निर्णय करते समय सामंजस्य बनाते हुए आपको यह भी ध्यान में रखना होगा कि आपके अन्य पारिवारिक सदस्यों की प्राथमिकता-सूची में छुट्टियाँ व मनोरंजन आदि किस स्थान पर हैं।

नई योजनाओं से संबंधित प्राथमिकताएँ

कुछ व्यक्ति अपने जीवन, व्यवसाय, परिवार आदि के बारे में हमेशा ही कुछ नया करने के बारे में विचार करते रहते हैं। अकसर उनकी नई योजनाओं से संबंधित प्राथमिकताओं की अन्य कार्यों से विरोधाभास की स्थिति बनी रहती है। बहुत से व्यक्ति इस प्रकार के कार्यों में लगनेवाले समय को नष्ट हुआ मानते हैं, लेकिन ऐसा सोचना गलत है।

आर्थिक व्यवस्था संबंधी प्राथमिकताएँ

अधिकतर व्यक्तियों की आर्थिक आवश्यकताएँ उनकी प्राथमिकता सूची में काफी ऊँचे स्थान पर रहती हैं। यह एक प्रकार से सही भी है, क्योंकि जीवन में सभी प्रकार की आवश्यकताओं की आपूर्ति के लिए धन आवश्यक है। विशेषत: आर्थिक क्षेत्र में कार्यरत व्यक्तियों के लिए कार्यालय में सुव्यवस्था बनाए रखना अति आवश्यक है और यह उनकी सर्वप्रथम जरूरत हो सकती है।

पुनरावलोकन

समय-प्रबंधन के अंतर्गत विभिन्न कार्यक्षेत्रों में अपनी प्राथमिकताएँ निर्धारित करने के उपरांत आपको यह विचार करना होगा कि क्या आपने समय-प्रबंधन के लिए सही दिशा में कदम उठाए हैं। इसके लिए निम्नलिखित बिंदुओं पर विचार कीजिए—

1. क्या आपने सभी आवश्यक कार्यों को प्राथमिकता सूची में स्थान दिया है?
2. क्या आपने केवल समय को खर्च करने के बारे में सोचा है अथवा समय की बचत करने के बारे में भी विचार किया है?
3. क्या आप अधिक अच्छे व उत्पादक तरीके से काम करने में सक्षम हैं?
4. क्या आप यह सोचते हैं कि जीवन में उन्नति करने के लिए अधिक मेहनत करने की कोई विशेष आवश्यकता नहीं है?
5. क्या आप अपने लक्ष्य व उद्देश्य वास्तविक स्तर पर रखते हैं?

6. क्या आप अपनी प्राथमिकताएँ निर्धारित करने में सक्षम हैं ?
7. क्या आप अप्रत्याशित रूप से आनेवाली घटनाओं से निपटने में सक्षम हैं ?
8. क्या आप अधिकतम समय तक कार्य करते रहने के साथ-साथ अपने आपको स्वस्थ भी रखना चाहते हैं ?
9. क्या आप किसी बड़े काम की प्रगति के दौरान ही अनेक छोटे-छोटे कार्य पूरा करने में सक्षम हैं ?
10. क्या आप जीवन में हर समय कुछ नया सीखने के इच्छुक रहते हैं ?

उपर्युक्त सभी बातों पर विचार करने के बाद आप अपने लिए निर्धारित प्राथमिकताओं की सूची में आवश्यक संशोधन क़रके इन्हें आवश्यकतानुसार ठीक कर सकें तो यह आपके द्वारा समय-प्रबंधन की दिशा में अच्छा प्रयास होगा।

□

8 आपकी कार्यशैली

वह तरीका जिससे आप काम करते हैं—आपकी कार्यशैली कहलाती है। प्रत्येक मनुष्य की कार्य करने की अपनी अलग शैली होती है, पर समय-समय पर अपने काम-काज का मूल्यांकन करते रहना भी बहुत आवश्यक है। ऐसा करने से कार्यक्षेत्र के वातावरण के अनुरूप आपके लिए कार्य करना आसान होता जाएगा। अपने सहकर्मियों के साथ आपको किस प्रकार कार्य करना है, यह जानने के बाद तनाव स्वत: ही कम हो जाएगा। कार्यक्षेत्र में सामंजस्य बने रहने व स्वस्थ वातावरण होने से क्षमता बढ़ती है तथा समयानुसार कार्य पूरे होते हैं।

क्या कभी आपने सोचा है कि कुछ लोगों के साथ कार्यतंत्र में तालमेल बिठाना आसान होता है और कुछ लोगों से व्यवहार करना मुश्किल होता है। ऐसा इसलिए होता है, क्योंकि हर किसी की एक निजी कार्यशैली होती है, जो उसके काम करने के तरीके से दृष्टिगोचर होती है। अपनी और दूसरों की कार्यशैली को जानना, तनाव से मुक्त होने का पहला चरण है। इसलिए यह आवश्यक है कि जब भी सहकर्मियों के साथ आपके मतभेद होने लगे, स्वयं का मूल्यांकन इस प्रकार करें—

1. आप किस प्रकार कार्य करना चाहते हैं, क्या करना चाहते हैं और कैसे?
2. क्या आपने अपने लिए कुछ साधारण नियम निर्धारित किए हैं?
3. क्या आप यह पहचानने का प्रयत्न करते हैं कि आप कितने व्यवस्थित हैं?
4. क्या आप यह मानते हैं कि प्रत्येक व्यक्ति की कार्यशैली भिन्न होती है?

5. क्या आप यह मानकर चलते हैं कि हर व्यक्ति की कार्यक्षमता भी भिन्न-भिन्न होती है?

प्रत्येक व्यक्ति अपनी तरह से और अपने अनुमानित समय के अनुसार काम करता है। किसी को देर लगती है तो कोई जल्दी कर लेता है। प्रत्येक व्यक्ति की कार्य करने की क्षमता भी अलग-अलग होती है। यह भी हो सकता है कि आपका कार्य करने का ढंग दूसरे व्यक्ति को अजीब लगे। बेहतर होगा कि आप अपनी क्षमताओं का आकलन करने के साथ-साथ अपनी कमजोरियों का भी विश्लेषण करें। उन्हें दूर करने का प्रयत्न करें, ताकि आपकी कार्यशैली में लचीलापन आए और आप बँधे-बँधाए नियमों पर चलने से बचें। यह इस बात पर निर्भर करता है कि आप किस तरह अन्य व्यक्तियों के साथ काम करते हुए समन्वय कर पाते हैं।

रचनात्मक कार्यकर्ता

ऐसे व्यक्ति फालतू की बातों में पड़ने की बजाय काम और उसकी गुणवत्ता में विश्वास करते हैं। निस्संदेह वे व्यवस्थित न हों, पर काम तो जानते हों। ऐसे व्यक्ति देखने में लापरवाह लग सकते हैं। प्राथमिकताएँ तय न करने के कारण वे लोग काम को पूरा करने में अधिक समय लगाते हैं।

व्यवस्थित कार्यकर्ता

ऐसे व्यक्ति काम को बहुत ही व्यवस्थित ढंग से करने के साथ-साथ संस्थान व अन्य सहयोगियों की कार्यक्षमता का भी आदर करते हैं। वे हर काम को बेहतर ढंग से करने में विश्वास करते हैं, फिर चाहे ऐसा काम करने के लिए कितनी भी मेहनत क्यों न करनी पड़े। उनका समय पर पूरा नियंत्रण होता है। वे नए-नए विचारों पर अमल करने में भी नहीं हिचकिचाते हैं।

अस्त-व्यस्त कार्यकर्ता

ऐसे व्यक्ति ऑफिस में अपनी टेबल साफ-सुथरी रखने के क्रम में हर कागज को अपनी दराज में भरते जाते हैं। उनका ढेर जमा होता रहता है और उन्हें देखने का कभी समय नहीं मिलता। हमेशा अस्त-व्यस्त रहने के कारण इनका लक्ष्य स्पष्ट नहीं हो पाता है। ऐसे व्यक्तियों को अपनी प्राथमिकताएँ निश्चित करना आवश्यक है।

अस्थिर कार्यकर्ता

अत्यधिक सक्रिय मस्तिष्क होने के कारण ऐसे व्यक्ति कभी भी एक ही काम पर अपना ध्यान केंद्रित नहीं कर पाते हैं। एक काम पूरा होने से पहले ही दूसरे

व तीसरे काम हाथ में ले लेते हैं। इन लोगों को ऐसे व्यक्तियों के साथ काम करना चाहिए जो इसके विपरीत ढंग से काम करते हों, अर्थात् एक समय में एक ही काम करते हों। इसके अतिरिक्त इन्हें एक निश्चित समय-सीमा में रहकर भी काम करने का प्रयत्न करना चाहिए।

सौम्य कार्यकर्ता

ऐसे व्यक्ति जानते हैं कि किस प्रकार सबको साथ लेकर काम करना चाहिए। वे अन्य पक्षों में सुलह करवाने में भी कुशल होते हैं। वे दूसरों की अकारण आलोचना नहीं करते। ऐसे व्यक्तियों को हमेशा अच्छे बने रहने की प्रवृत्ति से बचना चाहिए अन्यथा जी-हुजूरी करने में ही सारा समय निकल जाएगा।

विलम्बकारी कार्यकर्ता

ऐसे व्यक्ति काम को टालते रहते हैं। इसी कारण वे कोई काम समय पर नहीं कर पाते हैं। उन्हें सफलता मिलने में देर लगती है। उनके लिए समय-प्रबंधन और व्यवस्थित रहकर कार्य करने की कला सीखना आवश्यक होता है।

विभिन्न व्यक्तियों की कार्यशैली को कितने ही वर्गों में वर्गीकृत क्यों न किया जाए, पर ऐसा कोई निश्चित तरीका नहीं है, जिसे सबसे उत्कृष्ट माना जा सकता हो अथवा किसी विशेष शैली को अपनाने से पूर्ण सफलता मिले। हाँ, स्वयं को स्थितियों के अनुसार बदलते रहना आवश्यक है। यह लचीलापन ही सफलता की पहली सीढ़ी है, क्योंकि हो सकता है कि अनेक बार काम व स्थिति को देखते हुए, न चाहते हुए भी आपको अपनी कार्यशैली बदलनी पड़े।

□

9 समय-प्रबंधन कला एवं आपकी आवश्यकताओं में सामंजस्य

समय के प्रभावी प्रबंधन एवं सदुपयोग के लिए आपकी व्यक्तिगत, पारिवारिक, सामाजिक, कार्यालय आदि की सभी गतिविधियों व आवश्यकताओं में सामंजस्य करना अति आवश्यक है। इसके लिए यह निर्धारित करना होगा कि आपके समय की किन-किन कार्यों के लिए कहाँ-कहाँ पर आवश्यकता है।

इन सबके लिए समय का अनुमान लगाकर आकलन करना एक प्रक्रिया है और वास्तव में उन कार्यों को पूरा करने में लगने वाला समय दूसरी प्रक्रिया है, जिनमें आपके अनुमान से कम या अधिक समय लग सकता है।

इसके साथ-साथ इस बात पर भी विचार करें कि आप ऐसे सभी प्रकार के कार्यों को उत्पादक/उपयोगी श्रेणी में रखें जो आपके लक्ष्य, उद्‍देश्य व जीवन-दिशा से मेल खाते हों। उद्‍देश्य जीवन के दीर्घकालीन लक्ष्य होते हैं, जबकि लक्ष्य ऐसी छोटी-छोटी उपलब्धियाँ हो सकती हैं, जिन्हें आप एक निश्चित समय में पूरा करना चाहेंगे तथा उनके पूरा हो जाने पर प्रसन्नता अनुभव करेंगे।

विभिन्न कार्यों के संदर्भ में निश्चित लक्ष्य निर्धारित करके उन्हें निश्चित समय में पूरा करना ही समय के प्रभावी प्रबंधन एवं सदुपयोग की एक अति विशिष्ट कला है, जिसमें आप निरंतर प्रयत्न व अभ्यास करके ही निपुणता प्राप्त कर सकते हैं।

समय-प्रबंधन के पथ पर समुचित प्रगति करने के लिए छोटे-छोटे लक्ष्यों पर

अपना नियंत्रण रखना अति आवश्यक है और लक्ष्यों पर नियंत्रण रखने के लिए वास्तविक लक्ष्य निर्धारित करना भी आवश्यक है। इसलिए बेहतर होगा कि ऐसे वास्तविक लक्ष्य निर्धारित करें, जिन्हें आप अपने नियंत्रण में रखते हुए प्राप्त कर सकें।

विभिन्न कार्यों के लिए सही लक्ष्य निर्धारित करने हेतु एवं अनुमानित समय को सही प्रारूप देने के लिए यह आवश्यक है कि कुछ दिनों तक—लगभग 15/20 दिनों तक आप प्रत्येक दिन के अपने सभी कार्यों का लेखा-जोखा एक विशिष्ट प्रारूप में दिन भर के समय के अनुसार बनाएँ। इसमें आपको ईमानदारी से अपने सभी व्यक्तिगत, पारिवारिक, सामाजिक, कार्यालय संबंधी, मित्रों, सहयोगियों आदि के लिए किए गए कार्यों एवं उनमें लगे समय को केवल नोट करना है।

दिन भर में किए गए कार्यों के समय का लेखा-जोखा

समय	कार्य विवरण	कितना समय लगा	कार्य श्रेणी
6.00	नित्यकर्म, व्यायाम आदि	25 मिनट	व्यक्तिगत
6.30	समाचार-पत्र, चाय आदि	25 मिनट	व्यक्तिगत
7.00	बाग-बगीचा, फुलवारी आदि	20 मिनट	पारिवारिक
7.30	स्वास्थ्यवर्धक भ्रमण	30 मिनट	व्यक्तिगत
8.00	स्नान, पूजा आदि	25 मिनट	व्यक्तिगत
8.30	नाश्ता, चाय आदि	15 मिनट	व्यक्तिगत
9.00	कंप्यूटर पर कार्य	60 मिनट	शैक्षिक
10.00	आराम, चाय आदि	20 मिनट	व्यक्तिगत
10.30	बाजार के काम	40 मिनट	पारिवारिक
11.30	कंप्यूटर पर कार्य	90 मिनट	शैक्षिक
13.15	भोजन, आराम आदि	60 मिनट	व्यक्तिगत
14.30	लिखना, पढ़ना आदि	75 मिनट	शैक्षिक
16.00	विविध, डाक-पत्रादि	45 मिनट	विविध
17.00	चाय, टेलीफोन आदि	15 मिनट	व्यक्तिगत
17.30	बाजार के काम आदि	60 मिनट	पारिवारिक
19.00	मित्रों, पड़ोसियों से बातचीत	30 मिनट	सामाजिक
20.00	टेलीविजन, आराम आदि	30 मिनट	व्यक्तिगत

20.30	भोजन, घूमना, मंदिर आदि	45 मिनट	व्यक्तिगत
21.30	लिखना-पढ़ना-टेलीविजन आदि	60 मिनट	शैक्षिक
22.30	रात्रि शयन	450 मिनट	शयन

अब उपर्युक्त प्रारूप में लिखे गए समय-समय पर आपके द्वारा किए गए कार्य विवरण के आधार पर विभिन्न कार्य श्रेणी में लगे समय का योग करें तथा दिन भर के कुल चौबीस घंटे के समय से उसका औसत निकालकर तुलना करें। इस प्रकार एक निगाह में देखने पर ही आप जान जाएँगे कि आपके अपने विवरण के अनुसार ही आपने एक दिन में लगभग दो घंटे का समय व्यर्थ नष्ट किया है।

इस प्रकार लगभग 30 दिन तक कार्य विवरण का लेखा-जोखा लिखकर व उसका विश्लेषण करके आप स्वयं ही जान पाएँगे कि आपने औसतन 2 घंटे प्रतिदिन अर्थात् 10 प्रतिशत समय व्यर्थ नष्ट किया है, जिसमें आप अन्य उत्पादक व उपयोगी कार्य कर सकते थे।

दिन भर के कार्यों का कार्य-श्रेणी में समायोजन व उनका औसत

	कार्य विवरण	**कुल समय**	**औसत प्रतिशत**
1.	पढ़ाई, लिखाई आदि	4 घंटे	15
2.	व्यक्तिगत, व्यायाम आदि	1 घंटा	5
3.	भोजन, चाय-नाश्ता आदि	1 घंटा	5
4.	बाजार के विविध काम आदि	3 घंटे	10
5.	घर के अन्य काम आदि	2 घंटे	10
6.	विविध कार्य आदि	1 घंटा	5
7.	मित्र, रिश्तेदार, सामाजिक कार्य आदि	2 घंटे	10
8.	शयन, आराम आदि	8 घंटे	30
	कुल उपयोगी कार्य	22 घंटे	90
	व्यर्थ समय नष्ट	2 घंटे	10
	दिन भर का कुल समय	24 घंटे	100

इस प्रकार के अनेक छोटे-छोटे कार्यों का विश्लेषण करके आप देखेंगे कि उनमें आप जितना समय लगाते हैं, उन सबमें कितना समय उपयोगी है और कितना व्यर्थ नष्ट किया गया है। इस नष्ट किए गए समय का विश्लेषण व पुनरावलोकन करके, उसे धीरे-धीरे कम करके, अन्य उत्पादक व उपयोगी कार्यों

में लगा सकते हैं।

लक्ष्य निर्धारण के लिए 'फर्स्ट थिंग्स फर्स्ट' के लेखक पैट्रिक फोर्सिथ ने एस.एम.ए.आर.टी. (एस.एम.आर.टी. या स्मार्ट) शब्द का प्रयोग किया है। इसका विस्तृत रूप है—स्पेसिफिक—विशिष्ट, मेज़रेबल—नाप-जोख कर सकने योग्य, अचीवेबल—प्राप्त करने योग्य, रियलिस्टिक—वास्तविक एवं टाइम्ड—निश्चित समय में प्राप्त करने योग्य।

विभिन्न घटनाओं का विश्लेषण

'टाइम पावर' के लेखक चार्ल्स आर. हॉब्स ने अपनी पुस्तक में यह स्पष्ट किया है कि आपके जीवन की विभिन्न घटनाएँ पाँच प्रकार की हो सकती हैं—

1. ऐसी घटनाएँ, जिनके बारे में आप सोचते हैं कि उन पर आपका कोई नियंत्रण नहीं और वास्तव में अगर आप चाहें तो भी उन्हें नियंत्रित नहीं कर सकेंगे।
2. ऐसी घटनाएँ, जिनके बारे में आप सोचते हैं कि उन पर आपका कोई नियंत्रण नहीं, लेकिन वास्तव में अगर आप चाहें तो उन्हें नियंत्रित कर सकते हैं।
3. ऐसी घटनाएँ, जिनके बारे में सोचते हैं कि वे आपके नियंत्रण में हैं, लेकिन वास्तव में आप उन्हें नियंत्रित नहीं कर सकते।
4. ऐसी घटनाएँ, जिनके बारे में आप सोचते हैं कि उन्हें नियंत्रित कर सकते हैं, लेकिन वास्तव में आप उन्हें नियंत्रित नहीं करते।
5. ऐसी घटनाएँ, जिनके बारे में सोचते हैं कि आप उन्हें नियंत्रित कर सकते हैं, लेकिन वास्तव में आप अगर चाहें तो भी उन्हें नियंत्रित नहीं कर सकते।

अप्रत्याशित घटनाएँ

उपर्युक्त विश्लेषण से यह स्पष्ट होगा कि हमें समय-प्रबंधन की दिशा में कार्य करते हुए अचानक व अप्रत्याशित घटनाओं के लिए यथेष्ट समय का प्रावधान करना होगा। ऐसी अनेक घटनाओं को प्राकृतिक घटनाएँ अथवा व्यवधान भी कह सकते हैं और समय-समय पर जब-जब ऐसे व्यवधान उपस्थित होंगे तब ही आपको उन्हें ठीक करना होगा।

इस प्रकार के अप्रत्याशित व्यवधानों को ठीक-ठाक करने में जितना भी समय लगेगा, वह आवश्यक ही होगा और संभवत: उसे आप व्यर्थ नष्ट किया गया

समय नहीं मान सकते। अप्रत्याशित व्यवधानों को ठीक करने में समय लगना आवश्यक है, क्योंकि व्यवधान को निरस्त करके ही आप अपने मुख्य कार्यों में समुचित प्रगति कर सकते हैं।

लेकिन कुछेक व्यवधान ऐसे होते हैं, जिन पर आप पहले से विचार करके ऐसी स्थिति में रख सकते हैं, जिससे कि व्यवधान उपस्थित ही न हों अथवा उपस्थित होने पर या उससे पहले ही आप उन्हें शीघ्र ही दूर कर सकें। जैसे वाहन में पेट्रोल, किचन में गैस एवं प्रिंटर में कार्ट्रिज समाप्त होना आदि।

कार्यक्षमता, शक्तियाँ एवं दुर्बलताएँ

प्रत्येक व्यक्ति की कार्य करने की क्षमता अलग-अलग होती है और कार्य करने का तरीका भी अलग-अलग होता है। कुछ व्यक्ति सुबह के समय बहुत अच्छा काम कर सकते हैं, जबकि कुछ अन्य व्यक्ति रात के समय। कुछ व्यक्ति शांत वातावरण में अच्छी तरह काम कर सकते हैं, जबकि कुछ अन्य शोर-शराबे के वातावरण में भी भली प्रकार कार्य करते हैं। कुछ व्यक्ति नई-नई परियोजनाओं पर कार्य करना अधिक पसंद करते हैं, जबकि कुछ अन्य रटी-रटाई लीक पर ही काम करते रहना चाहते हैं।

इसके अतिरिक्त प्रत्येक व्यक्ति की ग्राह्य-शक्ति व कार्य करने की गति भी अलग-अलग होती है। साधारणत: अनेक व्यक्ति अनुकूल वातावरण में ही अच्छी तरह काम कर पाते हैं। यद्यपि इसके अपवाद-स्वरूप कुछ अन्य व्यक्ति विपरीत परिस्थितियों में भी उत्पादक कार्य करने की क्षमता रखते हैं। यही आपकी व्यक्तिगत कार्य-क्षमता, शक्ति एवं दुर्बलता के प्रतीक व मापदंड हो सकते हैं, जिन्हें पहचानकर आप उपयोगी व प्रभावी कार्य कम-से-कम समय में पूरा करके अन्य कार्यों के लिए काफी समय बचा सकते हैं।

नए-नए कार्य सीखने की इच्छा

प्रत्येक व्यक्ति कार्य करने से पूर्व और कार्य करते समय भी कुछ-न-कुछ नया सीखने की इच्छा रखता है। विभिन्न व्यक्तियों की नया कार्य सीखने की प्रणाली भी अलग-अलग होती है और यह उसकी व्यक्तिगत शक्तियों पर निर्भर करता है कि अपनी निश्चित प्रणालियों से वह नया काम कितनी जल्दी सीख सकता है। इनको चार श्रेणियों में बाँटा जा सकता है—

1. कुछ व्यक्ति केवल देखकर ही नया काम सीख सकते हैं।
2. कुछ व्यक्ति उस काम को स्वयं करके ही नया काम सीख सकते हैं।
3. कुछ व्यक्ति केवल सुनकर ही नया काम सीखने की शक्ति रखते हैं।

4. कुछ व्यक्ति इन सबमें से थोड़ा-थोड़ा करके नया काम सीख पाते हैं।

प्रसिद्ध लेखक मायर्स ब्रिग्स ने सीखने की प्रणाली के आधार पर व्यक्तियों की चार श्रेणियाँ बनाई हैं, जो निम्न प्रकार हैं—

1. अंतर्मुखी विचारक — बाह्यमुखी वार्ताकार।
2. सोच-विचारकर — अनुभव के आधार पर।
3. आंतरिक दृष्टिपरक — बाह्य विश्लेषण पर।
4. स्वयं निर्णयात्मक — अन्य निर्णय स्वीकार्य।

आपकी कार्य-प्रणाली

इसी प्रकार प्रत्येक व्यक्ति की कार्य-प्रणाली के आधार पर भी उन्हें तीन श्रेणियों में बाँटा जा सकता है, जो निम्न प्रकार हैं—

1. ऐसे व्यक्ति जो सबसे पहले काम पर आते हैं और दिन भर एक ही गति से काफी देर तक कार्य करते रहते हैं। संभवत: घर जाकर भी वे काम-काज के बारे में ही सोचते रहते हैं।
2. ऐसे व्यक्ति जो दिन भर एक काम से दूसरे काम पर फुदकते रहते हैं और अव्यवस्थित रूप से अपना काम करते हुए संभवत: कोई भी काम समय पर पूरा नहीं कर पाते हैं।
3. ऐसे व्यक्ति जो मध्यम प्रकार के होते हैं और हमेशा सोच-विचारकर, अन्य व्यक्तियों से सलाह-मशविरा करके अपने सब काम यथासंभव पूरा करते हैं और बाद में उसके बारे में अधिक चिंता नहीं करते हैं।

आपकी कार्य-प्रणाली के आधार पर आपकी शक्तियों व दुर्बलताओं का विश्लेषण करने के लिए निम्नलिखित बातों पर विचार करना आवश्यक है—

1. आपकी सबसे अधिक शक्ति किसमें है—योग्यता, निपुणता अथवा रुचि ?
2. आप योग्यता, निपुणता अथवा रुचि में से किस पर अधिक ध्यान देते हैं ?
3. आपकी स्वयं अपने बारे में क्या राय है ?
4. आपके द्वारा सफलतापूर्वक किए गए कार्य क्या हैं—शैक्षिक, व्यावसायिक अथवा व्यक्तिगत ?
5. आप किस प्रकार के कार्य चुनौतीपूर्वक करते हैं ?
6. क्या आप कुछ नया काम करते हैं, उसका विश्लेषण करते हैं अथवा यांत्रिक रूप से काम करते रहते हैं ?

7. आप अकेले काम करना चाहते हैं अथवा अन्य व्यक्तियों के साथ मिलकर?
8. आप किसी भी कार्य के लिए निर्देश तथा समय-सीमा चाहते हैं अथवा अपने आप निर्धारित कर सकते हैं?
9. आपके लिए विभिन्न कार्यों का कितना महत्त्व है?
10. आप कितने स्थिर रहकर काम कर सकते हैं?
11. आपकी किस योग्यता व स्वभाव की अनेक व्यक्ति प्रशंसा करते हैं?
12. आपकी किस आदत की अनेक व्यक्ति बुराई करते हैं?
13. आपका अपना व्यक्तित्व कितना प्रभावशाली है?
14. आप अधिक समय तक, दबाव में रहकर एवं निश्चित समय सीमा में कितना काम कर सकते हैं?
15. आप अन्य व्यक्तियों के साथ-साथ काम करते हुए क्या उनका नेतृत्व भी कर सकते हैं?
16. अपनी उपलब्धियों से आप प्रसन्न होते हैं या उन्हें सामान्य रूप से लेते हैं?
17. आप नए व्यक्तियों से मिलकर, उनके साथ काम करके कुछ नया सीखने की कितनी इच्छा रखते हैं?
18. आप अन्य व्यक्तियों से अपने बारे में क्या आशा करते हैं?
19. आप अपने कार्य में किन-किन विशेषताओं का समावेश चाहते हैं?

आपका व्यक्तित्व

मूलत: व्यक्तियों की निश्चित अवधारणा के आधार पर उन्हें तीन भागों में रखा जा सकता है। एक वे, जो हर काम के बारे में गंभीरता से सोचते हैं और तुरंत ही उसके बारे में सोच-विचारकर, योजना बनाकर, शीघ्रातिशीघ्र उसे आरंभ करके, सारा समय उसी में लगाकर पूरा करने का प्रयत्न करते हैं। वे हर काम को केवल सही तरीके से करना चाहते हैं। ऐसे व्यक्तियों के लिए किसी भी कार्य को सफलतापूर्वक संपन्न करना ही उनकी सर्वोच्च प्राथमिकता होती है अकसर इस श्रेणी के व्यक्ति तनावग्रस्त रहते हैं और वे शायद कभी कोई काम ठीक-ठाक कर पाते हैं। इस प्रकार निरंतर सघन कार्य करते रहने के क्रम में वे अपने स्वास्थ्य का ध्यान भी नहीं रख पाते।

दूसरे प्रकार के व्यक्ति न तो किसी भी काम के बारे में कभी गंभीरता से सोचते हैं और न ही कोई योजना बनाते हैं। वे सदा हलके-फुलके ढंग से जैसे-तैसे

अव्यवस्थित ढंग से अपने काम करते रहते हैं। वे किसी काम के बारे में सलाह-मशविरा करना भी अपनी शान के खिलाफ समझते हैं।

अधिकतर इस श्रेणी के व्यक्ति कोई भी काम सफलतापूर्वक संपन्न नहीं कर पाते। वे अपने विचार से तो जीवन का बहुत ही आनंद ले रहे होते हैं, लेकिन वास्तव में वे अन्य व्यक्तियों, परिवारजनों, मित्रों, रिश्तेदारों, अधिकारियों आदि की अवमानना के पात्र बनते रहते हैं। अंततः वे स्वयं हीन भावना के शिकार हो जाते हैं।

इन दोनों ही प्रकार के व्यक्तियों के बीच तीसरे प्रकार के व्यक्ति होते हैं, जो यह जानते हैं अथवा विश्लेषण कर सकते हैं कि किस परियोजना के लिए, किस प्रकार योजनाबद्ध तरीके से, क्या-क्या कार्य करने हैं। किस कार्य के लिए क्या-क्या लक्ष्य निर्धारित करने चाहिए। किस कार्य के लिए कितना समय निश्चित किया जाना चाहिए। किस कार्य के लिए किन-किन व्यक्तियों से सलाह-मशविरा करना आवश्यक है।

कार्य योजना बनाने और उसके अनुसार कार्य करने के साथ-साथ वे यह भी जानते हैं कि अपने शरीर, दिल व दिमाग को चुस्त-दुरुस्त रखते हुए और अपने आपको पूर्णतया स्वस्थ रखने के लिए क्या-क्या करना चाहिए। वे यह भी जानते हैं कि स्वस्थ रहने के लिए किस समय कितना काम करना चाहिए और किस समय कितना आराम करना चाहिए।

आपकी स्वास्थ्य संबंधी आवश्यकताएँ

विभिन्न प्रकार की कार्य-प्रणाली के अंतर्गत कार्य करते हुए भी आपको अपनी स्वास्थ्य संबंधी आवश्यकताओं के प्रति जागरूक रहना चाहिए, ताकि आप सदा स्वस्थ एवं चुस्त-दुरुस्त रह सकें। इस संदर्भ में निम्नलिखित बातों पर विचार कीजिए—

1. क्या आप नियमित प्रसन्नतापूर्वक खाना खाते हैं ?
2. क्या आपको किसी काम के बारे में सोचते ही सिरदर्द होने लगता है ?
3. क्या आप काम करते समय अपने कंधों व गरदन में दर्द महसूस करते हैं ?
4. क्या आप बिना थके सीढ़ियाँ चढ़ सकते हैं ?
5. क्या आपका कोलेस्ट्रॉल माप सही है ?
6. क्या आपका ब्लड प्रेशर सामान्य स्तर पर है ?
7. क्या आप बहुत जल्दी सर्दी-गरमी, जुकाम आदि से प्रभावित होते हैं ?

8. क्या आप रात को ठीक प्रकार से सो पाते हैं ?
9. क्या आपको शराब पीने की आदत है ?
10. क्या आपको नींद की गोली खाने की आदत है ?
11. क्या आप नियमित रूप से व्यायाम करते हैं ?
12. क्या आप कोई व्यवधान आने पर बेचैन न होकर उसे ठीक करने का उपाय करते हैं ?
13. क्या आप नियमित जीवनचर्या अपनाने में समर्थ हैं ?
14. क्या आपके परिवार में किसी को कोई असाध्य बीमारी है ?
15. क्या आप विपरीत परिस्थितियों में भी सामान्य रह सकते हैं ?
16. क्या आप किसी परियोजना के विभिन्न पहलुओं पर निष्पक्ष विचार करते हैं ?
17. क्या आप स्वयं किसी हीन भावना से ग्रस्त रहते हैं ?
18. क्या आप किसी भी प्रकार के काम से तनावग्रस्त रहते हैं ?
19. क्या आप नियमित रूप से अपने स्वास्थ्य की देखभाल करते हैं ?
20. क्या आप समय-प्रबंधन एवं समय-सदुपयोग के बारे में सोचते ही तनावग्रस्त हो जाते हैं ?
21. क्या आप सदा ही काम को कल पर टालने की प्रवृत्ति से ग्रस्त रहते हैं ?
22. क्या आप एक लीक पर स्थिर रहते हैं ?
23. क्या आपमें किसी काम के बारे में स्वयं निर्णय करने की क्षमता है ?
24. क्या आप समयानुसार परिवर्तनशील हैं ?
25. क्या आप परिस्थितियों के अनुसार अपने को ढाल सकते हैं ?
26. क्या आप अन्य व्यक्तियों की भावनाओं का आदर करते हैं ?

पुनरावलोकन

संभवत: आप योजना बनाकर तथा प्राथमिकताओं के आधार पर अनेक काम सही प्रकार से संपन्न कर सकते हैं, लेकिन अकसर अनेक व्यक्ति योजना बनाने व प्राथमिकता निर्धारण के बावजूद काम को कल पर टालते रहने की प्रवृत्ति से ग्रस्त रहते हैं। उनकी यह आलस्य की प्रवृत्ति ही समय के प्रभावी प्रबंधन एवं सदुपयोग में सबसे बड़ा अड़ंगा है।

इसी प्रकार कोई भी कार्य करते समय अपनी बनाई हुई योजना के अनुरूप समयानुसार काम पूरा करने के लिए एकदम दृढ़ न होकर थोड़ा सा लचीला रुख

अपनाना चाहिए। यह निश्चित मानकर चलिए कि आप सारे काम हमेशा घड़ी की सूई के साथ-साथ नहीं कर सकते हैं। आप एकदम से निश्चित योजना भी नहीं बना सकते हैं। यदि आप निश्चित योजना बना भी लें तो हमेशा उसके अनुरूप काम नहीं कर सकते हैं।

आपके कार्य के बीच में अनेक प्रकार के व्यवधान आएँगे ही। अनेक समस्याओं के कारण आपकी योजनाओं के पूरा होने में अनुमान से अधिक समय भी लग सकता है। लेकिन अनेक बाधाओं को पार करते हुए, सही समय पर काम में प्रगति करके, उसे सफलतापूर्वक संपन्न करना ही समय का प्रभावी प्रबंधन एवं सदुपयोग है।

किसी भी कार्य की प्रगति के दौरान आपको उस काम के लिए निर्धारित समय-सीमा, कार्य करने के तरीके, कार्य-योजना आदि में आवश्यकतानुसार परिवर्तन करते रहना चाहिए।

□

10 अनेक दिशाओं में एक साथ कार्य करने की क्षमता

समय-प्रबंधन व सदुपयोग के संदर्भ में अगले चरण के अंतर्गत यह विचार करना है कि जीवन में आपको वास्तव में क्या-क्या कार्य करने आवश्यक हैं। एक प्रकार से विचार करें तो जीवित रहने के लिए केवल भोजन करना, सोना और साँस लेना ही पर्याप्त है और ये अति आवश्यक हैं। बाकी सब कार्य ऐच्छिक हैं, जिन्हें आप अपनी इच्छानुसार जब चाहें तब कर सकते हैं, अन्यथा न चाहें तो नहीं भी कर सकते हैं।

इसी संदर्भ में दूसरा विचार यह करना है कि जीवन में उन्नति करके अपने निर्धारित लक्ष्य प्राप्त करने के लिए क्या आपको साल के 365 दिन व 24 घंटे निरंतर काम करते रहना है—शायद नहीं। यदि आप सही रूप से, सही समय पर प्रत्येक काम को करने का प्रयत्न करें तो संभवतः बहुत कम समय लगभग 7 या 8 घंटे प्रतिदिन व्यस्त रहकर यथेष्ट प्रगति करके अपने लक्ष्य को प्राप्त कर सकते हैं। आपको केवल इतना ही करना है कि आप उत्पादक एवं उपयोगी काम करने पर ही ध्यान दें। अनावश्यक एवं व्यर्थ के छोटे-छोटे काम करने में अपना समय नष्ट न करें।

आपके द्वारा किए जानेवाले 'आवश्यक' एवं 'अनावश्यक' कार्यों में अंतर पहचानने के लिए आपको अपने प्रतिदिन के कार्यों पर एक निगाह डालकर थोड़ा विचार एवं विश्लेषण करना होगा। आपको यह विचार करना है कि अति आवश्यक रूप से कौन-कौन से कार्य करने हैं। आपके कौन से कार्य अति महत्त्वपूर्ण हैं। आपके विभिन्न कार्यों के लिए उनकी क्या-क्या प्राथमिकताएँ हैं। आपको अपने लिए व परिवारजनों के स्वास्थ्य आदि के लिए क्या-क्या करना आवश्यक है।

इस संदर्भ में निम्नलिखित तीन बातों पर विचार कीजिए—

1. आपको अपनी नौकरी एवं व्यवसाय से संबंधित सभी कार्य अवश्य करने हैं।
2. आप स्वयं को पूर्णरूप से स्वस्थ एवं चुस्त-दुरुस्त रखें।
3. आपको व्यक्तिगत, पारिवारिक, सामाजिक, व्यावसायिक आदि सभी कार्य व्यवस्थित रूप से करने के लिए आवश्यक योजनाएँ बनानी हैं, ताकि आप व्यवस्थित रूप से काम करें व अपना समय नष्ट न करें।

इसके अतिरिक्त आपको प्रत्येक कार्य के संदर्भ में इन बातों पर विचार करना है—

1. क्या यह कार्य सचमुच करना है या इसे करने में समय ही नष्ट होगा?
2. क्या कोई आवश्यक कार्य अचानक आने से आप परेशान हो जाते हैं?
3. क्या आप दिन भर की कार्ययोजना बनाते समय अपने ऊपर बहुत अधिक काम डाल लेते हैं?
4. क्या आप अप्रत्याशित व्यवधान के लिए आवश्यक समय रखते हैं?
5. क्या आप तुरंत और महत्त्वपूर्ण कार्य में अंतर पहचान सकते हैं?

कार्य वर्गीकरण

साधारणत: आपके समस्त कार्यों को तीन श्रेणियों में बाँटा जा सकता है

1. **अति आवश्यक कार्य :** ऐसे कार्य जिन्हें तुरंत ही करना आवश्यक है—
   जीवन रक्षा संबंधी कार्य,
   स्वास्थ्य रक्षा संबंधी कार्य,
   कोर्ट-कचहरी एवं कानूनी प्रक्रिया के कार्य,
   नौकरी में अधिकारियों द्वारा दिए गए कार्य,
   घर-परिवार तथा बच्चों के लिए आवश्यक कार्य,
   किसी उपकरण विशेष की आवश्यक मरम्मत संबंधी कार्य,
   ऋण भुगतान आदि आवश्यक कार्य।
2. **महत्त्वपूर्ण कार्य :** ऐसे कार्य जो आपके मुख्य व प्राथमिक हैं—
   व्यवसाय अथवा नौकरी से संबंधित कार्य,
   आवश्यक मीटिंग आदि की तैयारी से संबंधित कार्य,
   बिल एवं नकद भुगतान करने से संबंधित कार्य,

किसी निश्चित तिथि तक अवश्य ही संपन्न करने वाले कार्य,
घर-परिवार के व्यक्तियों व बच्चों से संबंधित महत्त्वपूर्ण कार्य,
अप्रत्याशित व्यवधान आदि से बचाव के उपाय संबंधी कार्य,
दिन-प्रतिदन डाक देखना व उत्तर लिखने से संबंधित कार्य।

3. **साधारण कार्य :** ऐसे कार्य जो पूर्णत: ऐच्छिक हैं—
व्यर्थ की डाक, ई-मेल आदि,
व्यर्थ के टेलीफोन, फैक्स आदि,
व्यर्थ के अप्रत्याशित व्यवधान आदि,
मनोरंजन, टेलीविजन, वीडियो आदि,
घर-बाहर की अतिरिक्त साफ-सफाई आदि,
सामाजिक कार्य, मित्रगण एवं रिश्तेदार आदि,
अचानक मिलने वाले मित्र व अन्य व्यक्ति आदि।

उपर्युक्त सामान्य वर्गीकरण के अनुसार आपको अपने समस्त कार्यों का निश्चित वर्गीकरण करना आवश्यक होगा। इस प्रकार वर्गीकरण करते समय निम्नलिखित महत्त्वपूर्ण बातें ध्यान में रखना अति आवश्यक हैं—

1. आप दिन भर काम करके क्या-क्या लक्ष्य प्राप्त करना चाहते हैं?
2. कौन से विशिष्ट लक्ष्य प्राप्त करके आप पूर्ण संतोष अनुभव करेंगे?
3. आपके द्वारा किए गए किस कार्य से सबसे अधिक व्यक्तियों को लाभ होने ही आशा है।
4. क्या आपके द्वारा एक कार्य में लक्ष्य प्राप्ति के आधार पर किसी अन्य कार्य को आरंभ करने का निर्णय करना निर्भर करता है?
5. यदि आप किसी एक कार्य विशेष को न करने का निर्णय करें तो इसके क्या संभावित परिणाम होने की आशा है?

अपने दिन भर के विभिन्न कार्यों के बारे में निर्णय आपको ही करना है कि आप उन्हें आवश्यक अथवा महत्त्वपूर्ण में से किसी श्रेणी में रखकर तथा उसे कितना महत्त्व देकर अब और कितने समय में पूरा करना चाहते हैं या फिर उसे केवल साधारण कार्य मानकर छोड़ देना चाहते हैं।

इस संदर्भ में यह ध्यान रखना भी आवश्यक है कि आपको महत्त्वपूर्ण कार्य भी समय पर ही आरंभ करके समाप्त करने हैं, अन्यथा देरी होने पर वे अति आवश्यक कार्यों की ऐसी श्रेणी में आ जाते हैं जिन्हें तुरंत ही पूरा करना होता है। इन सबका निर्णय करते समय आपको निम्नलिखित बातों पर भी ध्यान देना होगा—

1. आपके जीवन में सबसे आवश्यक कार्य क्या हैं ?
2. आपके लिए सबसे महत्त्वपूर्ण कार्य क्या हैं ?
3. आप अपने जीवन में क्या करना चाहते हैं ?
4. आपके जीवन की दिशा क्या है ?
5. आप अति आवश्यक रूप से आज ही संपन्न करने के लिए किस कार्य को सर्वोच्च प्राथमिकता के साथ करेंगे ?

आपकी व्यक्तिगत, व्यावसायिक, सामाजिक आदि किसी भी परियोजना पर कार्य आरंभ करने से पहले थोड़ी सी दूरगामी योजना बनाना बहुत ही लाभदायक हो सकता है। यदि आप योजना बनाकर कार्य करने की आदत डालें तो आपको अपने कार्य के बीच में अप्रत्याशित व्यवधान कम-से-कम आएँगे और आप शांत वातावरण में अपना कार्य सही प्रकार से पूरा करने का लक्ष्य प्राप्त कर सकेंगे।

आपके कार्यों की प्राथमिकता

अपने विभिन्न कार्यों की प्राथमिकता एवं उन्हें करने के उचित समय के बारे में निर्णय करने के लिए निम्नलिखित दिशा-निर्देशों का पालन करना लाभदायक होगा—

1. योजना बनाकर किए गए कार्य अधिकतर समय पर संपन्न होते हैं। इसलिए दिन-प्रतिदिन के कार्यों की एक सूची बनाकर रखें।
2. आवश्यक तैयारियाँ करने से परियोजनाएँ सफलतापूर्वक समय पर संपन्न होने की आशा रहती है।
3. स्वभावत: व्यक्ति आसान काम पहले करना चाहते हैं तथा कठिन काम बाद में करने के लिए छोड़ते हैं। इसके विपरीत उचित यह होगा कि आप सबसे कठिन काम अपने सबसे ऊर्जावान समय में करें।
4. अकसर व्यक्ति आवश्यक एवं महत्त्वपूर्ण कार्यों में अंतर न कर पाने के कारण पहले प्राप्त हुए कार्यों को पहले पूरा करते हैं। इसके विपरीत उचित यह होगा कि आप आवश्यक कार्य पहले पूरा करें।
5. आपकी सूची में दिन भर करने के लिए लिखे गए सभी कार्यों में से सबसे कम समय में लगभग एक घंटे में पूरे होने वाले किसी कार्य को सबसे पहले व तुरंत ही पूर्ण करके आप सबसे अधिक संतोष अनुभव कर सकते हैं।
6. अकसर व्यक्ति अपने व्यक्तिगत कार्यों को पहले पूरा करना चाहते हैं। इसके विपरीत किसी भी प्रकार के कार्यों में से आवश्यक कार्यों को

पहले निपटाना अधिक उचित होगा।

7. सबसे अधिक परेशानी उत्पन्न करने वाले उपकरण की सबसे पहले मरम्मत कराएँ। इसके विपरीत सभी उपकरणों की बारी-बारी से संरक्षात्मक मरम्मत समयानुसार कराना अधिक उचित होगा।
8. अकसर व्यक्ति अपनी आदतों के अनुसार दिन के निश्चित समय में कुछ निश्चित कार्य करते हैं। इसके विपरीत कार्यों की आवश्यकता एवं महत्त्व के अनुसार कार्य करने के समय में परिवर्तन करते रहना चाहिए।
9. सफलतापूर्वक कोई भी काम करने के लिए उसे करने की निश्चित समय-सीमा निर्धारित करना बहुत ही आवश्यक है।

कार्यों की प्रगति

एक साथ कई दिशाओं में अपनी काम करने की क्षमता में वृद्धि करने के लिए आपको अपने कार्यों की प्रगति पर ध्यान रखते हुए समयानुसार परिवर्तन करते रहना होगा। इसके लिए अपने आपको तथा अन्य संबंधित व्यक्तियों को ध्यान में रखकर निम्नलिखित बिंदुओं पर विचार करना आवश्यक है—

1. जीवन में आपके उद्देश्य क्या हैं?
2. आपके विभिन्न कार्य आपके उद्देश्य की पूर्ति में कितने सहायक हैं?
3. क्या आप अपने कार्यों को अधिक प्राथमिकता से करते हैं अथवा किन्हीं अन्य व्यक्तियों के कार्यों को अधिक प्राथमिकता देते हैं?
4. अन्य व्यक्ति जिनके कार्य आप प्राथमिकता से करते हैं, वे आपके लिए कितने महत्त्वपूर्ण हैं?
5. आपके द्वारा आज किए गए कार्य किस प्रकार आपके तथा अन्य व्यक्तियों के जीवन-उद्देश्यों को प्रभावित करते हैं?
6. कौन से अन्य व्यक्ति आपको विभिन्न कार्य करने के लिए समय-निर्धारण के बारे में सलाह देते हैं और वे आपके लिए कितने महत्त्वपूर्ण हैं?

कार्यों के महत्त्व एवं प्राथमिकता निर्धारण के लिए यह आवश्यक है कि आप अपनी प्राथमिकता सूची में लिखे गए कार्यों का उनके महत्त्व के अनुसार निरंतर विश्लेषण करते रहें। इसके साथ ही अप्रत्याशित व्यवधान उपस्थित होने पर यह निर्णय करने का प्रयत्न करें कि उन व्यवधानों का निराकरण तुरंत कैसे किया जाए। अप्रत्याशित व्यवधानों से विचलित होकर अपना संतुलन खोने के विपरीत

उचित संतुलन बनाए रखकर अपनी ऊर्जा व समय व्यर्थ नष्ट न करके यथासंभव अपने समय का सदुपयोग करने का प्रयत्न करें।

कार्य प्राथमिकता निर्धारण

आप महत्त्वपूर्ण कार्यों की प्राथमिकता-सूची पर निरंतर ध्यान रखते हुए उसका विश्लेषण करके, योजना बनाकर कार्य आरंभ करें और यथासंभव समयानुसार पूरा करने का प्रयत्न करें। इसके बाद अगले कार्य को करने पर ध्यान दें।

जितनी शीघ्रता से आप अपनी सूची के अनुसार काम पूरे करते जाएँगे, उतनी शीघ्रता से ही अपने लक्ष्य प्राप्त करते जाएँगे। इस प्रकार एक लिखित प्राथमिकता के अनुसार काम करते हुए आप पाएँगे कि आपने अपने समय की काफी बचत की है।

अपनी अगली परियोजना पर कार्य आरंभ करने से पहले बेहतर यह होगा कि बचाए हुए इस अतिरिक्त समय में आप थोड़ा सा आराम कर लें, ताकि अगली परियोजना पर काम शुरू करने के लिए तरोताजा हो सकें।

प्राथमिकता का पुनः निर्धारण

अपने कार्यों की प्राथमिकता व महत्त्व का पुन: निर्धारण करना भी एक कला है। अकसर अपने व्यावसायिक अथवा नौकरी से संबंधित कार्यों के संदर्भ में आपको अपने कार्य की प्राथमिकताओं का निरंतर विश्लेषण करते हुए प्राथमिकता पुन: निर्धारित करना आवश्यक है। इस क्रम में निम्नलिखित बातों पर विचार कीजिए—

1. किसी कार्य विशेष का महत्त्व बढ़कर अचानक अधिक हो गया है।
2. किसी कार्य की समाप्ति सीमा घटा दी गई है।
3. कोई कार्य शीघ्रता से समय से पहले ही पूरा कर लिया गया है।
4. आपके अधिकारी या किसी अन्य व्यक्ति ने कोई अति आवश्यक कार्य करने के लिए आपको ही चुना है।
5. कोई अति आवश्यक कार्य आपको अचानक ही याद आ गया है।
6. आपको किसी प्रिय व्यक्ति की अस्वस्थता की सूचना मिली है।

अव्यवस्था से बचने के उपाय

समय-प्रबंधन के क्रम में आपके कार्य-स्थल पर अव्यवस्था ही सबसे बड़ा रोड़ा है। आपके लिए भी अव्यवस्थित वातावरण में कोई काम करते रहना सबसे बड़ा अभिशाप है। आप अव्यवस्था के वातावरण में अपनी आवश्यक वस्तुएँ निश्चित स्थान पर नहीं रख पाते और उन्हें तलाशने में ही अपना अधिकतर समय नष्ट

करते रहते हैं।

इस अव्यवस्था के वातावरण से बचाव के लिए अपने आपको तथा अपने कार्य-स्थल को व्यवस्थित करना अति आवश्यक है।

इसके लिए निम्नलिखित साधारण नियमों का पालन लाभदायक होगा—

1. अपने कार्य-स्थल पर व्यर्थ वस्तुएँ न रखें।
2. विभिन्न वस्तुएँ रखने का एक स्थान निश्चित कीजिए और प्रत्येक वस्तु यथास्थान सुव्यवस्थित ढंग से रखिए।
3. अव्यवस्था के रहते कोई भी काम ठीक प्रकार से करना मुश्किल है।
4. व्यर्थ की डाक, फैक्स, ई-मेल आदि को सँभालकर रखने की बजाय तुरंत हटा दें।
5. हमेशा अपने कठिन कार्य पहले करने का प्रयत्न कीजिए।
6. आवश्यक कार्य, मीटिंग आदि की समयानुसार तैयारी करके ही वहाँ जाएँ।
7. योजना बनाकर दिन-प्रतिदिन के कार्यों को करने की आदत डालिए।
8. अप्रत्याशित व्यवधानों से यथासंभव बचाव कीजिए।
9. एक समय में एक ही कार्य पर अपना ध्यान केंद्रित कीजिए।
10. प्राथमिकता-सूची के अनुसार महत्त्वपूर्ण कार्य पहले कीजिए।
11. अपने अति आवश्यक कार्य सबसे पहले पूरे करने का प्रयत्न कीजिए।

अप्रत्याशित व्यवधानों से बचाव के उपाय

आपके विभिन्न कार्यों के मध्य में अनेक प्रकार के व्यवधान निश्चित रूप से आएँगे, यह लगभग निश्चित है, क्योंकि उन पर आपका कोई नियंत्रण नहीं हो सकता है। अचानक उपस्थित व्यवधानों के निराकरण तथा उनसे बचाव के लिए आपको आवश्यक उपाय करने होंगे। इसके लिए निम्नलिखित बातों पर विचार कीजिए—

1. दिन भर के एक निश्चित समय में ही विभिन्न व्यवधानों के निराकरण के उपाय कीजिए।
2. ऐसे व्यक्ति जो अकसर आपके कार्य में व्यवधान उपस्थित करते हों, उन्हें प्रत्येक बार मिलने का समय न दीजिए। उनसे मिलकर बातचीत करने का एक निश्चित समय ही रखिए।
3. आपके ऐसे विशेष कार्य, जिन्हें करते समय आप कोई व्यवधान नहीं चाहते, उस समय अपने टेलीफोन, कंप्यूटर, उपकरण आदि बंद रखिए।

4. अपने साथ काम करनेवाले अन्य व्यक्तियों को अपनी आवश्यकताएँ व अपनी कार्य-प्रणाली अच्छी तरह समझा दीजिए।
5. अपना समय सुव्यवस्थित रखने के लिए समय-समय पर आनेवाले अप्रत्याशित व्यवधानों का तुरंत निराकरण कीजिए।

इस प्रकार के उपाय अपनाकर आप एक ओर तो अपने समय का व्यक्तिगत कार्यों के लिए उपयोग कर सकते हैं तथा दूसरी ओर एक साथ अनेक दिशाओं में कार्य करने की अपनी क्षमता भी विकसित कर सकते हैं।

□

11 कार्य अवधि की सीमाएँ

अधिकतर व्यक्ति अपने पास अधिक काम होने का बहाना बनाकर सदा ही कुछ-न-कुछ काम टालते रहते हैं। आज के काम कल पर टालने की यह प्रवृत्ति ही धीरे-धीरे एक आदत बन जाती है, जिसके फलस्वरूप कोई भी काम आपके पास आने पर आपकी पहली प्रतिक्रिया उसे किसी प्रकार टालने की हो जाती है। अपनी संकल्प-शक्ति एवं दृढ़ विश्वास के बल पर ही आप थोड़ा सा प्रयास करके इस प्रवृत्ति को बदल सकते हैं। प्रत्येक कार्य के बारे में कोई निर्णय करते समय निम्नलिखित बातों पर विचार कीजिए—

1. इस कार्य को पूरा करने में कितना समय लगने की संभावना है?
2. इस कार्य का आपके लिए कितना महत्त्व है?
3. यह कार्य कितना आवश्यक है?
4. इस कार्य से आपको व संबंधित व्यक्तियों को क्या-क्या लाभ होने की आशा है?
5. इस कार्य को कब और किस समय करना उचित होगा?

उपर्युक्त प्रश्नों के उत्तर मिलने पर ही आप सही प्रकार से निर्णय कर पाएँगे कि आपके विचाराधीन कार्य को करने का उचित समय कब है, इसको कितने समय में पूरा करना है और कितने संसाधन उसे पूरा करने में लगाने हैं, ताकि वह आपके तथा अन्य व्यक्तियों के हित में हो। अधिकतर कार्यों के विषय में आप पाएँगे कि देर तक टालते रहने से कई बार अति महत्त्वपूर्ण कार्य भी टलते जाते हैं और एक समय ऐसा आता है जब वे कार्य अति आवश्यक हो जाते हैं और उन्हें तुरंत ही पूरा करने के लिए बाध्य होना पड़ता है, क्योंकि उसे पूरा करने के अतिरिक्त आपके पास कोई विकल्प नहीं होता है।

इस प्रकार बाध्य होकर किए गए कार्य अकसर सही प्रकार से पूरे नहीं हो पाते। फिर आपको उस कार्य को पूरा करके कोई सुख व संतोष भी प्राप्त नहीं होता और कई बार तो उसे पूरा करने का निश्चित समय बीत जाने पर आपको पछतावा ही होता है। इसलिए उचित यह होगा कि प्रत्येक कार्य के बारे में आप थोड़ा सा सोच-विचारकर निर्णय कर लें, ताकि बाद में पछताना न पड़े।

अकसर किसी भी कार्य को टालते रहने की प्रवृत्ति के पीछे किसी-न-किसी बात का अज्ञात डर रहता है। यह उचित होगा कि उस डर को आप अपने से दूर रखें। डर को अपने पास फटकने ही न दें। थोड़ा सा विचार कीजिए कि जिस कारण से आप उस कार्य को पूरा करने से डर रहे हैं, वह डर उस कार्य को कल पर टालने से खत्म नहीं हो जाता है। कभी भी जब आप वह कार्य आरंभ करेंगे तो आपको उस कारण का निराकरण करके ही प्रगति पथ-पर आगे बढ़ना होगा। इसलिए शीघ्र उसका विश्लेषण करके उसे सुलझाइए अन्यथा उसके कारण आप हमेशा ही चिंतित व तनावग्रस्त रहेंगे और संभवत: कोई भी अन्य कार्य ठीक से नहीं कर पाएँगे।

किसी कार्य विशेष को बाद में करने के लिए टालने के अनेक कारण हो सकते हैं और कई बार ये कारण उचित भी हो सकते हैं। आवश्यकता इस बात को ध्यान में रखने की है कि कहीं यह टाल-मटोल करने की प्रवृत्ति आपकी आदत न बन जाए। एक बार जब यह आदत बन जाती है तब कोई भी कार्य आपके पास आने पर आपकी पहली प्रतिक्रिया उसे टाल देने की होती है और अनजाने में ही आपके महत्त्वपूर्ण एवं आवश्यक कार्य भी कल पर टलते जाते हैं। इस प्रवृत्ति को आदत बनने से पहले ही इससे छुटकारा पाना आपके हित में होगा।

इसमें सफलता प्राप्त करने के लिए निम्नलिखित बातों पर विचार कीजिए—

1. किसी कार्य को करने से पहले ही आप उसे बाद में करने के लिए टालने के बारे में कब और कितना सोचते हैं?
2. क्या आप किसी भी कार्य को करने से पहले बिना विचारे ही सही अथवा शुभ समय का इंतजार करते हैं?
3. क्या अकसर शुभ वक्त आने तक उस कार्य को पूरा करने के लिए बहुत देर हो चुकी होती है?
4. क्या अकसर आप छोटे-छोटे कार्य बाद में करने के लिए टालकर उन पर आधारित कोई मुख्य कार्य व उससे प्राप्त होने वाली संभावित उपलब्धि से वंचित रह जाते हैं?
5. क्या आप किसी कार्य के दौरान अन्य व्यक्तियों के समय व उनकी

व्यस्तता का भी आदर करते हैं?

6. क्या आप अपने परिवार, मित्रों व रिश्तेदारों आदि के साथ कोई योजना बनाते हैं, लेकिन ऐन वक्त पर उसे बाद में करने के लिए टाल देते हैं?
7. क्या अकसर ही आप छोटे-छोटे काम समय पर न करने अथवा न कर पाने के लिए किसी बहाने की तलाश में रहते हैं?
8. क्या आपके पास इतने अधिक छोटे-छोटे काम एकत्रित हो जाते हैं कि आप उनके बारे में विचार करना तो दूर, उन्हें देखकर ही घबरा जाते हैं?
9. क्या आप प्रत्येक नए कार्य को अपने पास आते ही बिना विचारे बाद में करने के लिए तुरंत छोड़ देते हैं?

मनोवैज्ञानिक कारण

कोई भी कार्य बाद में करने के लिए, टालने का कारण जानकर ही आप उसका निराकरण करके, उस कार्य के लिए समय निश्चित कर पाएँगे। अकसर किसी काम को बाद में करने के लिए टाल-मटोल करने की प्रवृत्ति के मूल में सबसे प्रमुख रूप से तीन प्रकार के मनोवैज्ञानिक कारण होने की संभावना हो सकती है—

1. किसी कार्य विशेष को अज्ञात कारणवश पूरा करने की इच्छा न होना।
2. किसी कार्य विशेष को करते समय आपको किसी अज्ञात डर की आशंका बने रहना।
3. किसी कार्य विशेष की सफलता के बारे में आपको संदेह होना।

ऐसा कार्य, जिन्हें आपको करने की इच्छा न हो, उन्हें जी कड़ा करके कड़वी गोली निगलने की तरह तुरंत ही उसे करने का प्रयत्न करें। इस कार्य का कोई विकल्प नहीं है और इसे करने के बाद आपको उससे संबंधित नकारात्मक विचारों से छुटकारा मिलेगा। ऐसा सोचकर उसे शीघ्र ही पूरा करने का प्रयत्न करें। उसे पूरा करके निश्चित ही आप संतोष का अनुभव करेंगे।

ऐसे कार्य, जिन्हें करने में अज्ञात डर की आशंका हो, उनको बाद में करने के लिए टाल देने अथवा न करने के लिए बहाने तलाशने का कारण कोई सचमुच का अनुभव न होकर संभवत: बचपन की कोई छोटी सी घटना हो सकती है। इस अज्ञात डर के कारण कभी-कभी आप कोई अच्छा काम करने से वंचित भी रह जाते हैं। कई बार अज्ञात डर की आशंका से किसी अच्छे अवसर से वंचित भी रह जाते हैं। ऐसे कार्य करने के लिए आपको बच्चों के समान सोचना होगा, जिन्हें

किसी बात से भी डर नहीं लगता है, वे कहीं से भी कूद सकते हैं, कुछ भी कर सकते हैं।

इस संदर्भ में तीसरे प्रकार का डर, जिसके कारण आप किसी कार्य को टालते रहते हैं, यह हो सकता है कि आपको उस कार्य की सफलता के बारे में संदेह हो जाए अथवा आपको अपनी क्षमता के बारे में ही संदेह हो जाए।

इस विषय में केवल इतना ही कहा जा सकता है कि जब तक आप किसी कार्य को करने का प्रयत्न नहीं करेंगे, तभी तक यह डर सताएगा। एक बार अगर आप उस कार्य को आरंभ करें तो जैसे-जैसे कार्य में प्रगति होगी, आपका यह डर दूर होता जाएगा।

आप काल्पनिक रूप से ही सही, थोड़ी देर के लिए सकारात्मक विचारों के साथ यह सोचकर देखिए कि इस कार्य में सफल होने पर आपको कितना अच्छा लगेगा, आप कितना संतोष अनुभव करेंगे।

सफलता एवं असफलता का डर

संभवत: उपर्युक्त दोनों प्रकार के डर वास्तव में एक ही प्रकार के हो सकते हैं। जब आप अपने किसी कार्य को पूरा करने के प्रयत्न में जुटे हों और अचानक आपको लगे कि आप सफलता प्राप्ति के कगार पर पहुँच गए हैं, तब आप अपने आपको एक अज्ञात डर से घिरा हुआ पाते हैं।

इसके साथ-साथ एक दूसरे प्रकार का डर भी आपको सता सकता है कि एक बार इस काम को सफलतापूर्वक संपन्न करने के बाद भी क्या आप दोबारा इसे सफलतापूर्वक कर पाएँगे। इस प्रकार के अज्ञात डर से बचाव करने के लिए आपको अपने आत्मसम्मान एवं स्वाभिमान की रक्षा करने पर विचार करना होगा।

इसके लिए अपनी क्षमता पर विश्वास करके एक बार जब आप हर प्रकार के डर से ऊपर उठकर सोचेंगे तो किसी भी कार्य के बारे में शीघ्र निर्णय कर सकेंगे और अपना बहुत सारा समय व्यर्थ ही नष्ट होने से बचा सकेंगे।

अपनी क्षमता के बारे में विचार करते समय इन बातों को ध्यान में रखिए—

1. आप इससे अधिक कठिन कार्य पहले भी कर चुके हैं।
2. आपमें इस कार्य को सफलतापूर्वक पूरा करने की क्षमता है।
3. आप केवल प्रगतिशील व्यक्तियों के साथ रहने की आदत डालिए।
4. आप सकारात्मक विचारवाले व्यक्तियों के साथ रहने की आदत डालिए।
5. आप अपनी दिन भर की कार्यसूची बनाते समय वास्तविक लक्ष्य रखिए।

6. जब भी आप अपने कार्य में अचानक सफलता प्राप्त करते हैं अथवा कोई गलती करते हैं तो आप जरूर कुछ नया ही सीखते हैं।
7. अपनी गलतियाँ तुरंत मानकर उन्हें सुधारने का प्रयत्न कीजिए।

अगर आप प्रत्येक कार्य को बाद में करने के लिए टालने की आदत ही बना लेते हैं तो अकसर आप अनजाने में ही कोई महत्त्वपूर्ण कार्य करने से वंचित रहकर अपने लिए कुछ-न-कुछ नई परेशानी उत्पन्न करते हैं। आपको बाद में संभवतः इसका पछतावा भी होता है कि उसी कार्य को यथासमय पूरा करके किसी अन्य व्यक्ति को कितना लाभ हुआ है। नई परेशानियाँ कई प्रकार की हो सकती हैं—

1. तनाव, छटपटाहट, नाराजगी आदि,
2. मित्रता, रिश्तेदारी व संबंधों में दरार,
3. आधे-अधूरे छूटे हुए कार्य, जिन्हें अंततः आपको ही करना है,
4. आपके विरुद्ध अनुशासनात्मक कार्रवाही,
5. बाद में पूरे करने के लिए अतिरिक्त कार्य एकत्र होना,
6. सुअवसर से वंचित रह जाना,
7. कार्य न कर पाने के कारण आदि बताने में व्यर्थ समय नष्ट करना।

कार्यसूची

समय-प्रबंधन के संदर्भ में आपके द्वारा दिन भर में किए जाने वाले सभी कार्यों को सूचीबद्ध करना भी लाभदायक होगा। इस प्रकार आप निश्चित रूप से एक ओर तो अपने कार्य पूरे कर पाएँगे और दूसरी ओर अपने सभी कार्यों को यथासमय करने का ध्यान भी रख पाएँगे। आवश्यकता इस बात की है कि अपनी कार्यसूची बनाते समय वास्तविक रूप से संपन्न कर सकने वाले कार्य ही उसमें लिखें और उनके लिए आवश्यक अनुमानित समय भी निश्चित करके लिखें। आपके दिन भर के समय का मूल्यांकन करने के लिए यह अति आवश्यक है।

अगर आपने कोई बड़ी परियोजना अपनी कार्यसूची में लिखी है तो उचित यह होगा कि उसे आप छोटे-छोटे ऐसे कार्यों में विभाजित करके लिखें, जिन्हें आप आसानी से थोड़े-थोड़े समय में पूरा कर सकें। अपने किसी कार्य को कार्यसूची में लिखते समय निम्नलिखित बातों पर विचार करना आवश्यक है—

1. इस परियोजना में कितना समय लगेगा?
2. क्या आपमें इस परियोजना को पूरा करने की क्षमता है?
3. आप अपना कितना समय इस काम को करने में लगाएँगे?
4. क्या आपकी परियोजना बहुत बड़ी है?

5. क्या आपकी परियोजना एक दिन से अधिक दिनों की है ?
6. क्या आपके कार्यालय में परियोजना पर कार्य करने की सभी तैयारियाँ हैं ?
7. क्या आप अपनी परियोजना पूरी करके संतोष अनुभव करेंगे ?
8. क्या आपने यह परियोजना सफलतापूर्वक संपन्न करने के लिए किसी अन्य व्यक्ति अथवा संस्था से वादा किया है ?
9. क्या ये व्यक्ति आपको इस परियोजना के बारे में समय-समय पर याद दिलाते रहेंगे या आपकी सहायता करेंगे ?
10. क्या आपने इस परियोजना का संपन्न करने के लिए पर्याप्त समय निर्धारित किया है ?

अपनी कार्यसूची में दिन भर में पूरा करने के लिए आप अपनी क्षमता एवं अपने अनुभव के अनुसार उतने ही कार्य लिखें जितने कि आप आसानी से करने में समर्थ हों। अगर किसी कारणवश आपने कार्यसूची में अपनी क्षमता से अधिक कार्य लिखें हैं तो उनमें से प्राथमिकता के आधार पर एक-एक करके कार्य करना आरंभ कीजिए।

एक समय में एक ही कार्य

प्रभावी समय-प्रबंधन के लिए यह आवश्यक है कि आप एक समय में एक ही काम पर पूरा ध्यान देकर उसे संपन्न करने का प्रयत्न करें। इससे आपको एक विशेष प्रकार के सुख व संतोष का अनुभव होगा, आप प्रसन्नता भी अनुभव करेंगे। किसी महत्त्वपूर्ण कार्य को निरंतर करते समय अचानक एकरसता लगे तो दो-चार मिनट के लिए उसे छोड़कर कोई अन्य हलका-फुलका कार्य करें। यदि किसी कार्य को एकरसता से ध्यान केंद्रित करके ही करना है तो भी थोड़े-थोड़े समय के बाद कोई छोटा सा कार्य करें या थोड़ा आराम करें। इससे आप अपने को तरोताजा महसूस करेंगे। अधिक देर तक आराम करने से भी बचें, क्योंकि इससे आप आलस्य महसूस करेंगे। लेकिन निश्चित रूप से एक समय में एक ही मुख्य कार्य पर अपना ध्यान केंद्रित करने से आप उसे बहुत अच्छी प्रकार संपन्न कर पाएँगे।

अगर कोई कठिन कार्य आरंभ करने में आपको संकोच हो रहा है तो केवल 15 मिनट के लिए उस परियोजना पर कार्य करने का विचार करके उसे करना आरंभ कर दीजिए। आशा है कि एक बार जब आप काम आरंभ करेंगे तो संभवत: 15 मिनट में उसे पूरा कर लेंगे अथवा पूरा होने तक उस पर कार्य करते रहेंगे।

इसी प्रकार आपकी दिन भर में कार्य करने की क्षमता से अधिक कार्य-सूची

में लिखे हों तो भी निराश होकर घबराने की आशंका है। इसलिए अपनी दिन भर की कार्यसूची को सीमित रखना अति आवश्यक है।

समय-प्रबंधन के संदर्भ में एक महत्त्वपूर्ण सुझाव यह है कि आप अपनी सूची में से ऐसे काम पहले करने का प्रयत्न करें जिन्हें करने की साधारणतः आपकी इच्छा न हो। इसके लिए आपको उस कार्य के महत्त्व को समझते हुए मूल्यांकन करना होगा। तभी आप यह निर्णय कर सकेंगे कि क्यों न इतने महत्त्वपूर्ण कार्य को पहले ही आरंभ करके पूरा करें। आपको यह निर्णय करना है कि उसे कितने समय में पूरा करना है।

पुनरावलोकन

प्रसिद्ध प्रबंधन लेखक सी. नॉर्थकोट पार्किंसन के अनुसार, ''आपके पास जितना समय उपलब्ध होगा, आपका कार्य उसी के अनुसार बढ़ता जाएगा''। अर्थात् यदि आप किसी कार्य के लिए निर्धारित समय का आधा समय ही उसके लिए पुनः निर्धारित कर दें तो संभवतः आधे समय में ही वह कार्य संपन्न हो जाएगा। इसके लिए यह आवश्यक है कि आप किसी कार्य को बाद में करने के लिए टाल-मटोल की प्रवृत्ति पर अंकुश लगाएँ और अपने कार्य को तनावरहित वातावरण में सामान्य रूप से इस प्रकार करते रहने का प्रयत्न करें—

1. कार्य करने के बीच में चाय-कॉफी आदि पीते हुए,
2. कोई ऐसा अनोखा काम करके जो साधारणतः आप न करते हों,
3. हॉल में घूमकर किसी से भी दो-चार मिनट बात करके,
4. शीशे में अपने आपको देखकर स्वयं से बात करके,
5. दो मिनट समय देकर अपने अधिकारी से बात करके,
6. अपने परिवारजन एवं बच्चों से बातचीत करके,
7. किसी संबंधित व्यक्ति से टेलीफोन पर थोड़ी सी बातचीत करके।

इस प्रकार तनावरहित वातावरण में अपनी सामान्य गति से काम करते हुए निश्चय ही आप अधिक मनोयोग से अपने उत्पादक एवं उपयोगी कार्य सफलतापूर्वक संपन्न कर सकेंगे।

□

12 सहयोगियों से सहायता एवं कार्य समीक्षा

अनेक बार आपने सोचा होगा कि दिन भर में यदि 24 घंटे की बजाय 48 घंटे होते तो कितना अच्छा होता। आपने यह भी सोचा होगा कि यदि आपके पास दो की जगह चार हाथ होते तो कितना अच्छा होता। तब आप कितना सारा काम कर सकते थे। अनेक बार जब आप निश्चित समय सीमा में समाप्त करने के लिए कोई कार्य कर रहे होते हैं तो लगता है कि समय बहुत शीघ्रता से बीता जा रहा है। ऐसा लगता है कि आपका कार्य पूरा ही नहीं हो पा रहा है और समय पंख लगाकर उड़ा जा रहा है।

उस समय आपको निम्नलिखित मुख्य बातों पर विचार करना है—

1. क्या हमेशा ही आप अपनी क्षमता से अधिक काम करने में स्वयं को पूरी तरह झोंक देते हैं?
2. क्या आप हर समय अपने आपको काम के बोझ के तले दबा महसूस करते हैं?
3. क्या आप अपने स्वास्थ्य की उचित देखभाल नहीं कर पाते हैं?
4. क्या आपने अपनी क्षमता से अधिक बड़ी-बड़ी परियोजनाओं को पूरा करने का बीड़ा उठा रखा है?
5. क्या आप अपनी कोई बड़ी परियोजना अथवा कोई बड़ा कार्य छोड़ने के लिए तैयार हैं?

यदि नहीं तो निश्चय ही आपको अपनी परियोजनाएँ समय पर सफलतापूर्वक संपन्न करने के लिए अपने कार्यालय अथवा अपने घर में सहयोगियों से सहायता लेने का एकमात्र विकल्प बचा है।

अकसर कुछ व्यक्ति अपने आपको अधिक क्षमतावान मानते हैं और सोचते हैं कि सभी प्रकार के काम सफलतापूर्वक कर सकते हैं। अपने सहयोगियों से सहायता की माँग करने का विचार करना ही नकरात्मक विचार है। आपके लिए सचमुच यह बहुत मुश्किल हो सकता है कि आप स्वयं ही अपने सहयोगियों से अपने किसी कार्य में सहायता करने के लिए कहें। संभवतः यह आपकी अक्षमता व असफलता का सूचक भी है। आप ऐसा कभी नहीं चाहेंगे कि आपके सहयोगी अथवा आपके परिवारजन आपको अक्षम एवं नाकारा समझें।

लेकिन वास्तव में स्थिति इसके बिलकुल विपरीत है। थोड़ी देर के लिए विचार कीजिए कि आप किसी व्यक्ति से भी अपने काम में सहायता नहीं माँगते हैं और उस कार्य को सफलतापूर्वक संपन्न नहीं कर पाते हैं, तब आपके सहयोगी कार्य समय पर पूरा न कर पाने की स्थिति में आपको अक्षम एवं नाकारा समझेंगे।

इसलिए इस विपरीत परिस्थिति से बचने के लिए यह उचित होगा कि आप निःसंकोच अपने सहयोगियों से अपने काम को शीघ्र पूरा करने के लिए आवश्यक सहायता लेकर उसे सफलतापूर्वक संपन्न करें। लेकिन इस क्रम में आप अपने सहयोगियों के समय-प्रबंधन का भी आदर कीजिए। आपका यह निर्णय आपके सर्वोत्तम समय-प्रबंधन के हित में ही होगा।

समय-प्रबंधन के संदर्भ में आपको यह भी निर्णय करना है कि आप अपने समय का स्वयं नियंत्रण करके उसका सदुपयोग कैसे करें। जब आप अपने समय पर नियंत्रण न कर पाएँ और आपकी परियोजना से संबंधित कार्य आपके अनुमान से अधिक बढ़ता जाए तो आपको अपने सहयोगियों, परिवार के सदस्यों व अन्य व्यक्तियों से सहायता प्राप्त करने में कोई संकोच नहीं करना चाहिए।

कोई काम करते समय सबसे महत्त्वपूर्ण आवश्यकता स्वयं को स्वस्थ रखने की है। इसलिए आपको यह विचार त्याग देना चाहिए कि आप सब काम अपने आप कर लेंगे। यदि आप स्वस्थ रहेंगे तो भविष्य में और अनेक कार्य सफलतापूर्वक कर सकेंगे।

अपनी क्षमता से अधिक कार्य करने का संकल्प करके अपने आपको व्यथित करने की बजाय यदि आप अपने सहयोगियों से सहायता लेकर अथवा पूर्णतः उन्हें कुछ काम सौंपकर और अधिक कार्य सफलतापूर्वक संपन्न कर सकेंगे।

इससे आपको निम्नलिखित लाभ की आशा है—

1. आपके समय की बचत होगी।
2. आपका काम सही प्रकार से सफलतापूर्वक संपन्न हो जाएगा।

3. आपके सहयोगी व कर्मचारी कुछ नया कार्य सीख सकेंगे।
4. आपके सहयोगी व कर्मचारी अपनी योग्यता वृद्धि का अवसर पाकर और अधिक कार्य करने के लिए उत्साहित होंगे।
5. आप अपने आपको अधिक स्वस्थ रख सकेंगे।

अपने कार्यों को पूरा करने के लिए कार्यालय के सहयोगियों, परिवार के सदस्यों व अन्य व्यक्तियों से सहायता लेने या फिर उन्हें कोई काम सौंपने का निर्णय करने के संदर्भ में यह भी महत्त्वपूर्ण है कि आप अपने हित में निम्नलिखित परिस्थितियों में नि:संकोच उनसे सहायता की माँग करें अथवा उन्हें किसी कार्य की पूरी जिम्मेदारी ही सौंप दें—

1. जब भी ऐसा करना संभव हो।
2. जब भी आपके कार्यालय में कर्मचारियों का स्थानांतरण हो।
3. जब भी आपके कार्यालय में व्यावसायिक, संगठनात्मक, संरचनात्मक, मानव संसाधन, वित्तीय व्यवस्था आदि का पुनर्गठन किया जा रहा हो।
4. किसी विशेष घटना के अवसर पर कार्य पूरा करना हो।
5. जब आपको स्वयं ध्यानपूर्वक विस्तार से कोई काम करना हो।
6. जब आपको अपने कार्यालय में जिम्मेवारी का पुन: निर्धारण करना हो।
7. जब भी आपको सहायता की आवश्यकता महसूस हो।

सही प्रकार की सहायता

संभवत: आपको अनेक बार अपनी आवश्यकताओं के अनुरूप मित्रों व सहयोगियों से सही प्रकार की सहायता मिलना मुश्किल हो। लेकिन इसके लिए थोड़ा सा प्रयत्न करना होगा। अपने सहयोगियों, मित्रों व परिवार के सदस्यों की क्षमता का आकलन करना होगा, ताकि उनको उनकी क्षमता के अनुसार उचित कार्य एवं जिम्मेवारी सौंप सकें। इसके अतिरिक्त भी आपको अनेक कार्यों के लिए अन्य व्यक्तियों को विभिन्न कार्य करने हेतु नियुक्त करना पड़ सकता है।

यह निश्चित है कि आप अन्य व्यक्तियों को अपने कुछेक कार्यों के लिए नियुक्त करके अथवा अपने सहयोगियों व मित्रों से सहायता लेकर एक ओर तो अपने कार्यों को सफलतापूर्वक संपन्न कर सकेंगे और दूसरी ओर अपने समय का यथासंभव सदुपयोग करके सर्वोत्तम प्रबंधन कर पाएँगे।

संभवत: आपकी अपनी आवश्यकताओं के अनुसार निम्नलिखित कार्यों में अपनी सहायता करने के लिए अथवा पूर्णरूप से किसी कार्य की जिम्मेवारी लेने के

लिए योग्य व्यक्तियों का चयन करना भी अति आवश्यक है, ताकि उन्हें कार्य सौंपकर आप तनावमुक्त रह सकें—

1. कार्यालय सेक्रेटरी/ अधिकारी/ सहायक।
2. घर की देखभाल के लिए सहायक।
3. रसोईघर के कार्यों के लिए सहायक।
4. बच्चों की देखभाल के लिए सहायक।
5. बच्चों की पढ़ाई आदि के लिए सहायक।
6. टाइपिंग/ कंप्यूटर आदि के लिए सहायक।
7. आर्थिक लेखा-जोखा रखने के लिए सहायक।
8. बाग-बगीचे की देखभाल के लिए सहायक।
9. बाजार के विभिन्न कार्यों के लिए सहायक।

समय-प्रबंधन के संदर्भ में आप अपनी सहायता के लिए विभिन्न व्यक्तियों को नियुक्त करने अथवा सहयोगियों व मित्रों से सहायता प्राप्त करने के, कई बार अतिरिक्त बाह्य सहायता भी निःशुल्क प्राप्त कर सकते हैं अथवा उनकी सहायता के बदले में आप अपनी क्षमता के अनुसार उनके लिए कुछ कार्य कर सकते हैं।

विशेष कार्य करने हेतु पूर्ण अधिकार-डेलीगेशन

आप अपने कार्यालय व घर-परिवार के व्यक्तियों को उनकी क्षमता के अनुसार कोई कार्य सौंप सकते हैं। एक प्रकार से कार्य-डेलीगेशन आपके समय-प्रबंधन हेतु एक अनमोल तकनीक है, जिसका यथासंभव उपयोग करके एक ओर तो आप एक सीमा तक अपना समय-प्रबंधन सुधार सकते हैं तथा दूसरी ओर अपने कर्मचारियों को नए-नए काम जिम्मेदारी के साथ संपन्न करने के लिए प्रोत्साहन व प्रशिक्षण दे सकते हैं।

आपको अपने कर्मचारियों व सहायकों को कार्य-डेलीगेशन से पहले निम्नलिखित महत्त्वपूर्ण बातों पर विचार करना अति आवश्यक है—

1. क्या आपने सही व्यक्ति को कार्य सौंपने का निर्णय किया है?
2. क्या आपके चुने हुए व्यक्ति उस कार्य के लिए सक्षम व योग्य हैं?
3. क्या आप उनको कार्यों के बदले में उचित मुआवजा दे सकते हैं?
4. क्या आपने अपने कार्य को सफलतापूर्वक संपन्न करने हेतु मानक निश्चित किए हैं?
5. क्या आप अपने कर्मचारियों द्वारा प्राप्त की गई प्रगति एवं उनकी उन्नति देखकर प्रसन्न होंगे?

6. क्या आपके कार्यालय के वातावरण में आपके कर्मचारी मन लगाकर कार्य कर सकेंगे?

उपर्युक्त बातों पर विचार करने के बाद एक बार जब आप कार्य पूरा करने हेतु अन्य व्यक्तियों को सौंपने का निर्णय कर लें तब उन कार्यों की सफलतापूर्वक संपन्नता सुनिश्चित करना आवश्यक है। इसके लिए निम्नलिखित उपाय करने होंगे—

1. परियोजना समापन के लिए उचित समयावधि का निर्धारण।
2. परियोजना समापन के लिए विभिन्न कार्यों का विवरण।
3. प्रत्येक कार्य के लिए समयावधि का निर्धारण।
4. परियोजना समापन की समय सीमा का निर्धारण।
5. अप्रत्याशित व्यवधानों के लिए अतिरिक्त समय का प्रावधान।
6. कर्मचारियों को परियोजना आवश्यकताओं की पूर्ण जानकारी।
7. कर्मचारियों व सहायकों पर आपका पूर्ण विश्वास।
8. अप्रत्याशित व्यवधान आदि निवारण के उपाय।
9. कर्मचारियों व सहायकों को आवश्यक प्रशिक्षण।
10. परियोजना कार्यों के लिए आवश्यक तैयारियाँ।
11. कर्मचारियों व सहायकों द्वारा दिया गया आश्वासन।

परियोजना प्रगति समीक्षा

आपके द्वारा कर्मचारियों/सहायकों को पूर्ण जिम्मेदारी के साथ संपन्न करने के लिए सौंपी गई परियोजनाओं/कार्यों में प्रगति की समीक्षा के दौरान आपको समय-समय पर निम्नलिखित प्रमुख आयामों पर पुनर्विचार एवं उनमें सुधार करना भी आवश्यक होगा—

1. क्या आपने सही कर्मचारियों/सहायकों को कार्य सौंपा है?
2. क्या आपने परियोजना के सभी आवश्यक आयाम निर्धारित किए हैं?
3. क्या आपने कर्मचारियों/सहायकों की शंका समाधान के उपाय किए हैं?
4. क्या आप कार्य पूरे होने पर समय-समय पर उनकी प्रशंसा करते हैं?
5. क्या आपके कर्मचारी/सहायक स्वयं निर्णय लेने में सक्षम हैं?
6. क्या आपके कर्मचारी किसी गलत निर्णय को समय पर ठीक कर लेते हैं?
7. क्या वे अपनी समस्याएँ समय-समय पर आपको बताते हैं?

8. क्या वे अन्य कर्मचारियों/सहायकों से परस्पर सलाह-मशविरा करते हैं?
9. क्या आपने परियोजना के लक्ष्य व उद्देश्य निर्धारित किए हैं?

महत्त्वपूर्ण कार्यों की समीक्षा

समय-प्रबंधन का एक अति विशिष्ट आयाम यह है कि आप अपनी किसी भी परियोजना अथवा कार्यों के संदर्भ में केवल उसके महत्त्वपूर्ण व प्रमुख कार्यों की प्रगति की ही समय-समय पर समीक्षा करें और कोई अप्रत्याशित व्यवधान आने पर उसका निवारण करके परियोजना के कार्यों को समय पर पूरा करने का प्रयत्न करें। उस परियोजना से संबंधित छोटी-छोटी आवश्यकताओं को पूरा करने के लिए अपना समय व्यर्थ ही नष्ट न करें।

यह उचित होगा कि आप उस परियोजना अथवा कार्य के लिए नियुक्त कर्मचारियों पर पूर्ण विश्वास करें व उनके मनोबल को बनाए रखें। उनके लिए दैनिक लक्ष्य निर्धारित करके उन पर पुनर्विचार करते रहें। समय-समय पर आवश्यकतानुसार उनके कार्य की मुक्त कंठ से प्रशंसा अथवा रचनात्मक आलोचना करना भी आवश्यक है, ताकि उन्हें अपनी शक्तियों व कमजोरियों का अहसास हो सके।

'80/20 नियम' द्वारा महत्त्वपूर्ण कार्य समीक्षा

समय-प्रबंधन के संदर्भ में एक इटालियन अर्थशास्त्री विल्फ्रेडो परेटो द्वारा स्थापित किया गया 80/20 का नियम भी बहुत महत्त्वपूर्ण है। इस 80/20 नियम अथवा परेटो समय-प्रबंधन नियम के अंतर्गत बिना कोई योजना बनाए कार्य करने पर आपका 80 प्रतिशत समय केवल 20 प्रतिशत सफलता प्राप्त कर सकता है, जबकि सही योजना बनाकर कार्य करने पर केवल 20 प्रतिशत समय में ही 80 प्रतिशत सफलता प्राप्त की जा सकती है। निम्नलिखित तथ्यों पर ध्यान दीजिए—

1. केवल 20 प्रतिशत कर्मचारी ही 80 प्रतिशत उत्पादन करते हैं।
2. केवल 20 प्रतिशत इंटरनेट वेबसाइट पर 80 प्रतिशत सूचनाएँ उपलब्ध हैं।
3. केवल 20 प्रतिशत व्यक्ति आपको 80 प्रतिशत संतोष प्रदान करते हैं।
4. केवल 20 प्रतिशत कर्मचारी आपका 80 प्रतिशत विक्रय व्यापार करते हैं।
5. केवल 20 प्रतिशत वाहनों से 80 प्रतिशत दुर्घटनाएँ होती हैं।

6. केवल 20 प्रतिशत लॉटरी टिकटों पर 80 प्रतिशत इनाम जीते जाते हैं।

उपर्युक्त तथ्यों को ध्यान में रखते हुए आपकी परियोजनाओं के समय-प्रबंधन के संदर्भ में यह अति आवश्यक है कि आप अपनी परियोजनाओं की कार्यसूची में से 20 प्रतिशत महत्त्वपूर्ण कार्यों की पहचान कर सकें और केवल उन पर उचित ध्यान देकर समय पर परियोजना समापन के लिए आश्चर्यजनक परिणाम प्राप्त कर सकें।

'ए.बी.सी. विश्लेषण' द्वारा महत्त्वपूर्ण कार्य समीक्षा

समय-प्रबंधन में उचित सहायता के लिए 'ए.बी.सी. विश्लेषण' द्वारा आपके महत्त्वपूर्ण कार्यों की समीक्षा करके आश्चर्यजनक परिणाम प्राप्त किए जा सकते हैं—

1. आपके 'ए' श्रेणीवाले केवल 15 प्रतिशत कार्य आपको 65 प्रतिशत सफलता प्रदान करते हैं।
2. आपके 'बी' श्रेणीवाले 20 प्रतिशत कार्य केवल 20 प्रतिशत सफलता प्रदान करते हैं।
3. आपके 'सी' श्रेणीवाले 65 प्रतिशत कार्य केवल 15 प्रतिशत सफलता प्रदान करते हैं।

उपर्युक्त विश्लेषण नियम के आधार पर आप अपनी कार्यसूची पर इस प्रकार पुनर्विचार भी कर सकते हैं—

1. अपनी कार्यसूची के 15 प्रतिशत महत्त्वपूर्ण कार्यों पर ही अपना पूरा ध्यान केंद्रित कीजिए।
2. अपनी कार्यसूची के 20 प्रतिशत कम महत्त्वपूर्ण कार्य अन्य विश्वसनीय व्यक्तियों को उनके द्वारा पूरा करने के लिए डेलीगेट कर दीजिए।
3. अपनी कार्यसूची के शेष 65 प्रतिशत कार्य भी अन्य व्यक्तियों को सौंप दीजिए।

'आइजनहॉवर नियम' द्वारा महत्त्वपूर्ण कार्य समीक्षा

अमेरिका के राष्ट्रपति आइजनहॉवर ने 'ए.बी.सी. विश्लेषण' में एक 'डब्ल्यू' जोड़कर चार सूत्री एक नियम निर्धारित किया, जिसके आधार आप अपनी परियोजना के महत्त्वपूर्ण कार्यों की समीक्षा एवं विश्लेषण करके लाभान्वित हो सकते हैं।

1. महत्त्वपूर्ण एवं अति आवश्यक कार्य—ऐसे कार्य जिन्हें तुरंत करना है।
2. महत्त्वपूर्ण लेकिन कम आवश्यक कार्य—ऐसे कार्य जिन्हें कुछ समय

के बाद किया जा सकता है।

3. कम महत्त्वपूर्ण लेकिन अति आवश्यक कार्य—ऐसे कार्य जिन्हें किसी संभावित समस्या से बचाव हेतु शीघ्र करना है।
4. कम महत्त्वपूर्ण एवं कम आवश्यक कार्य—ऐसे कार्य जिन्हें अन्य व्यक्तियों द्वारा आप करा सकते हैं।

समय-प्रबंधन के संदर्भ में उपर्युक्त विभिन्न विश्लेषण नियमों के आधार पर आप अपनी कार्यसूची में से अधिकतर कार्य अन्य व्यक्तियों को उनके द्वारा संपन्न करने के लिए सौंप सकते हैं और केवल महत्त्वपूर्ण कार्यों पर अपना पूरा ध्यान केंद्रित करके समय-प्रबंधन द्वारा लगभग शत-प्रतिशत सफलता प्राप्त कर सकते हैं।

□

13 पारिवारिक जीवनचर्या एवं समय की आवश्यकता

आजकल अनेक परिवारों में स्त्री-पुरुष दोनों ही कार्यालय में अपने-अपने काम पर चले जाते हैं। इसके साथ-साथ दोनों को पारिवारिक कार्यों के लिए अतिरिक्त समय की आवश्यकता होती है, जिसके कारण अतिरिक्त मानसिक तनाव भी बढ़ता है। साधारणतया अनेक कार्यों के लिए एक-दूसरे से कह दिया जाता है कि 'मेरे पास समय नहीं है, तुम कर लेना'।

इस परिस्थिति में अतिरिक्त तनाव से बचते हुए अपनी जीवनचर्या के साथ-साथ पारिवारिक कार्यों में सामंजस्य करने का एक ही उपाय है—'समय का सदुपयोग एवं समुचित प्रबंधन'। इसके विपरीत यदि बहुत सारे काम इस प्रकार जमा होते जाएँगे तो उनके कारण अतिरिक्त तनाव भी बढ़ेगा।

पारिवारिक कार्यों में संतुलन बनाए रखने का सबसे आसान उपाय है—चार भागों में समय-प्रबंधन करना—

1. जो काम आपको ही करना है, उसे आप कर दीजिए।
2. अपने किसी काम के साथ मिलाकर उसे पूरा कीजिए।
3. किसी अन्य व्यक्ति द्वारा उस काम को पूरा करने के लिए सौंपिए।
4. कम आवश्यक कार्य बाद में करने का निर्णय कीजिए।

सभी पारिवारिक कार्य एक निश्चित एवं आसान तरीके के करते रहने का नियम बना लेने पर आप देखेंगे कि आपके समय का सदुपयोग अपने आप ही होता रहता है और सभी प्रकार के कार्य भी यथासमय, बिना अतिरिक्त मानसिक तनाव के हो जाते हैं।

इसके लिए कुछ एक साधारण नियम अपनाने की आवश्यकता है—

1. सुबह चाय पीते समय आप आवश्यक कार्यों की सूची बनाकर उन्हें निपटाने की प्रक्रिया आरंभ कर सकते हैं। बड़े-बड़े कार्यों को टुकड़ों में बाँटकर पूरा कीजिए।
2. टेलीविजन देखने के साथ-साथ बच्चों को पढ़ाने जैसा अथवा कोई अन्य छोटा-मोटा कार्य किया जा सकता है।
3. आसान काम बच्चों को करने दीजिए। उन्हें जिम्मेदारी सौंपिए। पति-पत्नी अलग-अलग कोई दूसरे काम निपटाइए।
4. घर के अनेक काम छुट्टी वाले दिन निपटाइए।
5. पानी की बोतलें फ्रिज से निकालकर पानी पीने के साथ-साथ उन्हें भरकर भी रखते जाइए।
6. आवश्यक खरीदारी की सूची बनाते रहिए, अगली बार बाजार जाने पर सभी वस्तुएँ एक साथ खरीदिए।
7. कोई आवश्यक वस्तु समाप्त होने पर तुरंत सूची में नोट कीजिए, अन्यथा अगली बार आवश्यकता पड़ने पर व्यर्थ समय नष्ट होगा।
8. बच्चों के कपड़े, जूते, किताबें आदि उन्हीं से यथास्थान रखवाइए।
9. आवश्यक दवाएँ तुरंत उपलब्ध होने वाले स्थान पर रखिए।
10. आवश्यक टेलीफोन नंबर, सूची बनाकर टेलीफोन के पास ही उचित जगह पर टाँग दीजिए।
11. नियमित आवश्यकता के कार्य नियमित रूप से निपटाइए, उन्हें दो-तीन दिन के लिए अथवा छुट्टी के लिए जमा मत होने दीजिए।
12. यात्रा के आवश्यक सामान, सूटकेस, बैग आदि पहले से तैयार कीजिए। ताकि समय पर उन्हें ढूँढ़ने में समय नष्ट न करना पड़े।
13. स्वयं को स्वस्थ व चुस्त-दुरुस्त रखने के लिए थोड़ा समय घूमने-फिरने, व्यायाम, मनोरंजन आदि के लिए नियत कीजिए।
14. बच्चों के साथ नियमित रूप से पढ़ने, खेलने, मनोरंजन आदि के लिए समय नियत कीजिए।
15. बाजार से खरीदारी, वाहन की धुलाई, पेट्रोल भरवाना, घर में साफ-सफाई आदि सप्ताह में एक ही बार करने का प्रयत्न कीजिए।

प्रतिदिन सुबह आपके कार्यालय जाने व बच्चों के स्कूल जाने से पहले अनेक पारिवारिक कार्यों की आवश्यकताएँ पूरी करने के लिए बहुत कम समय

उपलब्ध होता है। इनसे निपटने के लिए नियमित रूप से आसान उपाय किए जा सकते हैं—

1. बच्चों के स्कूल बैग रात को सोने से पहले उन्हीं से तैयार कराके रखवाइए।
2. बच्चों की वरदी, कपड़े, जूते आदि सभी पहले से तैयार करके रखिए।
3. अपने ब्रीफकेस में ले जानेवाली आवश्यक वस्तुएँ भी रात को सोने से पहले ही तैयार करके रखिए।
4. घर की चाबियाँ आदि एक निश्चित स्थान पर रखिए।
5. स्वयं तैयार होकर शांति से बैठकर नाश्ता अवश्य कीजिए।
6. नाश्ता व लंच पैकेट तैयार करने के आसान तरीके अपनाइए। लंच बॉक्स, पानी की बोतल पहले से यथास्थान रखिए।
7. कार्यालय में समय से पूर्व ही पहुँचने का प्रयत्न कीजिए।
8. घर में फल, सब्जी, ब्रेड, दूध, दही आदि का नियमित प्रबंध कीजिए।
9. रसोईघर में सभी वस्तुएँ यथास्थान रखिए।
10. घर में दिन-प्रतिदिन के उपयोगी उपकरण हमेशा चालू हालत में रखिए।
11. अनेक प्रकार के कबाड़ व बेकार की वस्तुएँ जमा करके न रखिए, उन्हें नियमित रूप से फेंकते रहिए। ऐसी सभी वस्तुएँ, जिनका उपयोग आपने एक निश्चित समय लगभग 6 महीने तक न किया हो, वे सब फेंकने योग्य कबाड़ की श्रेणी में आती हैं।

अकसर पारिवारिक कार्यों में तथा घर की देखभाल में गुणवत्ता का कोई ध्यान नहीं रखा जाता, क्योंकि गुणवत्ता का संबंध कार्यालय के काम से ही जोड़कर देखा जाता है। लेकिन पारिवारिक कार्यों में नियमित रूप से वांछित गुणवत्ता बड़ी आसानी से सुनिश्चित की जा सकती है। इसके लिए निम्नलिखित सरल उपाय अपनाइए—

1. बच्चों के स्कूल, पढ़ाई आदि में नियमित गुणवत्ता बनाए रखिए, केवल परीक्षा के दिनों में ही नहीं।
2. बच्चों की स्वास्थ्य संबंधी आवश्यकताएँ नियमित रूप से पूरी कीजिए। उन्हें स्वस्थ एवं चुस्त-दुरुस्त रहिए।
3. बच्चों के अध्यापक, स्कूल व दोस्तों से समय-समय पर संपर्क कीजिए।
4. अपनी बात स्पष्ट शब्दों में कहिए, घुमा-फिराकर नहीं।
5. उचित दिशा-निर्देश के साथ अन्य व्यक्तियों को कार्य सौंपिए। यथासंभव

उनसे वे काम पूरे भी करवाइए।

6. सामाजिक एवं पारिवारिक उत्सवों में समयानुसार भाग लीजिए।
7. अपने पारिवारिक बजट पर ध्यान अवश्य रखिए।
8. स्टेशनरी एवं छोटे-मोटे उपहार की वस्तुएँ आपके घर में हमेशा उपलब्ध रहनी चाहिए।
9. आवश्यक टैक्स, बिल, फीस आदि समय से पहले जमा करा दीजिए, अंतिम तारीख तक प्रतीक्षा न कीजिए।
10. साधारणतया डिस्काउंट पर मिलने वाली वस्तुएँ गुणवत्ता में हलकी होती हैं अथवा अधिक मूल्य की होती हैं। उनके लालच में न पड़कर केवल आवश्यकतानुसार वस्तुएँ ही खरीदिए।
11. उत्तम गुणवत्ता की वस्तुएँ खरीदिए। केवल सस्ता देखकर न खरीदिए, क्योंकि अंततः वे महँगी पड़ सकती हैं।

□

14 पारिवारिक सह-अस्तित्व

प्रसिद्ध लेखक हरिवंश राय बच्चन ने अपनी आत्मकथा में लिखा है कि वह अकसर अपने घर के काम-काज में यथासंभव पत्नी का हाथ बँटाया करते थे। उनके मित्र बच्चनजी के पत्नी-प्रेम को देखकर जो भी कहते हों, लेकिन उनकी कहानी से यह स्पष्ट है कि किस तरह वह घर के काम-काज में हाथ बँटाते थे। यह उस जमाने की बात है जब पुरुष कामकाजी हुआ करते थे और महिलाएँ घर चलाती थीं। लेकिन उस समय भी व्यक्ति अपनी सफलता का श्रेय पत्नी को देने से नहीं हिचकिचाते थे। शायद इसी वजह से अंग्रेजी की यह कहावत मशहूर हुई—

'बिहाइंड ए सक्सेसफुल मैन, देयर इज ए वुमन।'

यद्यपि आज भी महिलाएँ पुरुषों की सफलता की कारक होती हैं, लेकिन अब यह सिक्के का एक पहलू भर रह गया है। दूसरा पहलू यह है कि महिलाएँ अब केवल सफलता की कारक न होकर इसका पर्याय बनकर उभर रही हैं। स्पष्ट है कि ऐसी महिलाओं की नजर में उनके पति या दोस्त के रूप में कोई ऐसा पुरुष सफलता की वजह होता है, जिससे उन्हें वह मदद मिलती है, जो कभी स्वयं महिलाएँ दिया करती थीं। निश्चय ही अब परिवार में कामकाजी पति-पत्नी के आपसी संबंधों में एक बड़ा परिवर्तन आ रहा है, जिसके अनुसार हमें अपने आपको भी ढालना आवश्यक होगा। इसका एक ही हल है—पारिवारिक सह-अस्तित्व का परिपालन।

जमाना बदला, महिलाएँ घर की चारदीवारी से बाहर आईं और जिंदगी के हर क्षेत्र में स्वयं को सिद्ध किया। लेकिन इसके साथ ही उनके लिए कुछ व्यावहारिक समस्याएँ भी पैदा हुईं। ये समस्याएँ थीं—दोहरी जिम्मेदारी निभाने की। एक ओर ऑफिस और काम-काज की जिम्मेदारी, तो दूसरी ओर घरेलू मोर्चा।

ऐसे में उनकी अपेक्षाओं से भरी नजरें मुड़ती हैं पति की ओर। वैसे भी देखा जाए तो कामकाजी महिलाएँ अगर पति से इस बात की अपेक्षा रखती हैं कि घरेलू कामों में वे उनका हाथ बँटाएँ, तो यह स्वाभाविक ही है। लेकिन दुर्भाग्य की बात यह है कि अधिकतर मामलों में पुरुष इसे स्वीकार नहीं कर पाते हैं। सचिवालय में काम करनेवाली महिलाओं के पति ताश खेलते हुए दिन बिता सकते हैं, लेकिन बच्चों व घर के काम-काज में उनकी कोई दिलचस्पी नहीं होती। बच्चों को तैयार करके स्कूल भेजने से लेकर, घर के दूसरे काम-काज निपटाकर स्वयं समय पर ऑफिस पहुँच पाना महिलाओं के लिए किसी बड़ी चुनौती से कम नहीं है।

ऐसे पुरुषों को आड़े हाथों लेते हुए साइकोलॉजिस्ट अरुणा ब्रूटा कहती हैं, "आज का पुरुष बेचारा बड़ा दुःखी है। वास्तव में उसका रोल अब कमांडिंग न होकर, पार्टिसिपेटरी रह गया है।" घर को सही तरीके से चलाने के लिए यह जरूरी नहीं कि घर के सभी काम-काज का औपचारिक बँटवारा किया जाए। पति-पत्नी दोनों को इसका ध्यान रखना होगा कि काम भी हो जाए और अपने साथी को कष्ट भी न हो।

इसका विश्लेषण करें तो इसके मूल में दो प्रमुख कारण नजर आते हैं। पहला कारण है—मेल ईगो। पुरुष कभी यह स्वीकार नहीं कर पाता कि वह अपनी पत्नी के रहते घरेलू काम-काज में हाथ बँटाए। ऐसे व्यवहार के लिए उसके संस्कार और पारिवारिक पृष्ठभूमि काफी हद तक जिम्मेदार हैं। एक मध्यवर्गीय परिवार का हर वह लड़का, जिसने अपनी माँ को पिताजी के काम से लौटने पर उनकी सेवा में तत्पर देखा हो, अपनी पत्नी से भी वैसी ही अपेक्षा रखेगा। इसके अतिरिक्त आस-पास के अन्य व्यक्तियों के कमेंट्स भी कुछ हद तक जिम्मेदार होते हैं।

अकसर देखा जाता है कि 'लोग क्या कहेंगे, समाज क्या कहेगा' जैसी बातों को सोचकर भी पुरुष अपनी घरेलू जिम्मेदारियों से भागने लगते हैं। इस मुद्दे पर अरुणा ब्रूटा का कहना है, "हकीकत तो यह है कि इस तरह की बातों को पुरुष काम से बचने के एक बहाने के रूप में इस्तेमाल करते हैं। अगर वाकई उन्हें समाज की परवाह है, तब तो उन्हें उन सभी चीजों को छोड़ देना चाहिए, जिनकी समाज निंदा करता है, जबकि ऐसा नहीं होता है।"

लेकिन समाज में हो रहे परिवर्तन और जिंदगी की अनिश्चितताओं को सहने की क्षमता ही आपकी परिपक्वता को परिभाषित करती है। जो पुरुष इस परिभाषा पर खरे उतर पाते हैं, उनके लिए जिंदगी की राहें बड़ी आसान हो जाती हैं। पश्चिमी देशों की बात छोड़ भी दें, तो हमारे देश में पुरुषों की मानसिकता में अब

काफी बदलाव आ चुका है। अब वे पहले की तरह थककर लौटी अपनी पत्नी पर हुक्म चलाने की बजाय, चाय के कप के साथ उसका स्वागत करते हैं। टेलीविजन पर दिखाए जा रहे विज्ञापनों में भी इक्कीसवीं सदी के पति की एक अलग ही झलक दिखाई देती है।

एक अन्य साइकेट्रिस्ट डॉ. जितेंद्र नागपाल कहते हैं, ''जिस तेजी से आज समाज में बदलाव आ रहा है, उसमें पति को घरेलू काम-काज, बच्चों का पालन-पोषण और खाना पकाने जैसे कामों को सीखना चाहिए। दरअसल, अब वे दिन लद गए, जब शादी को एक बंधन माना जाता था। वर्तमान वातावरण में पति-पत्नी को दोस्तों की तरह रहना सीखने की आवश्यकता है। ऐसे पुरुषों की संख्या में दिनोदिन बढ़ोतरी हो रही है, जो घरेलू काम-काज से लेकर बच्चे की नैपी बदलने तक के सभी काम खुले दिल से कर रहे हैं''।

इस स्थिति का एक दूसरा पहलू भी है। प्रश्न उठता है कि ऐसी स्थिति क्यों आई कि महिलाओं को ऑफिस में काम करने की जरूरत पड़ने लगी। इसके पीछे दो बातें हैं। पहली यह कि समय में आए परिवर्तन के साथ महिलाओं के शिक्षा स्तर में वृद्धि हुई है और उनमें जागरूकता आई है। दूसरी यह कि पहले के मुकाबले अब लोगों की जरूरतें बढ़ी हैं। ऐसे में अब महिला केवल चूल्हे-चौके तक सीमित न रहकर आर्थिक रूप से भी परिवार की मदद करना चाहती है। आर्थिक स्तर पर पति की मदद कर रही महिला स्वाभाविक रूप से घरेलू मोर्चे पर पति का साथ चाहती है।

इसके अतिरिक्त, एकल परिवार के बढ़ते चलन के कारण भी घरेलू काम-काज के मामले में पति से महिलाओं की अपेक्षाएँ बढ़ रही हैं। घरेलू जिम्मेदारियों के बँटवारे के लिए यह जरूरी नहीं है कि पति खाना ही बनाए, बल्कि इससे ज्यादा जरूरी है कि घर के काम-काज में उसका सहयोग रहे। अगर अपनी आँखों और हाव-भाव से वह यह दिखा पाता है कि घरेलू काम-काज के समय वह पत्नी के साथ है, तो कभी कोई समस्या होगी ही नहीं।

कई बार पड़ोसी व नाते-रिश्तेदार और स्वयं लड़के के माता-पिता भी इन बातों पर अनावश्यक टीका-टिप्पणी करते नजर आते हैं। लड़के को 'जोरू का गुलाम' जैसी न जाने कितनी तथाकथित उपाधियों से नवाजा जाता है।

एक प्रसिद्ध साइकेट्रिस्ट डॉ. समीर पारिख ऐसे लोगों के विषय में कहते हैं, ''ये वही लोग हैं जो आज से दस साल पहले तक इस बात को स्वीकार नहीं कर पाते थे कि महिलाएँ घर की चौखट लाँघकर स्वयं को आगे बढाएँ। लेकिन अब

उन्होंने इस स्थिति को स्वीकार कर लिया है। घर में पति घरेलू काम-काज में हाथ बँटाए, इस बात को ऐसे लोग संभवत: अब से दस साल बाद स्वीकार कर पाएँगे और उस समय कमेंट करने के लिए कुछ और नए मुद्दे ढूँढ़ लेंगे। कहने का तात्पर्य है कि ऐसे लोगों को नजरअंदाज करके व्यक्ति को अपनी जिंदगी पर ध्यान देना चाहिए।''

□

15 व्यावसायिक/कार्यालयीन दिनचर्या एवं समय की आवश्यकता

एक ओर जहाँ पारिवारिक कार्यों के लिए आप अपने नियम व दिनचर्या नियत करके उनका पालन कर सकते हैं, वहीं दूसरी ओर व्यावसायिक अथवा कार्यालय से संबंधित दिनचर्या एवं उसके लिए समय की आवश्यकता संभवतः आपके नियंत्रण में नहीं रहते। इसके सारे निर्णय अन्य व्यक्तियों व संस्थाओं द्वारा किए जाते हैं और आप से आशा की जाती है कि आप उनका पालन करेंगे।

अगर आप अपने व्यवसाय अथवा कार्यालय में अग्रणी रहना चाहते हैं, तो इसके लिए समय-प्रबंधन के नियमित उपाय अपनाने की आवश्यकता है। लेकिन इससे पहले निम्नलिखित बातों पर ध्यान दीजिए—

1. क्या आपके व्यावसायिक कार्यालय के सहयोगियों व मित्रगण से संबंध ठीक-ठाक हैं?
2. क्या आप व्यवसाय अथवा कार्यालय के कार्यों के साथ-साथ पारिवारिक जिम्मेदारी के प्रति भी सचेत रहते हैं?
3. क्या आप अपने को स्वस्थ, चुस्त-दुरुस्त व तनाव रहित रखते हैं?
4. क्या आप छोटे-बड़े सभी से मित्रवत् व्यवहार करते हैं?
5. क्या आप इतने अधिक व्यस्त रहते हैं कि जीवन को आनंदपूर्वक जीना ही भूल गए हैं?
6. क्या आप अपने कार्यालय की योजनाएँ समय पर पूरी करने में सक्षम हैं?

7. क्या आपके पास वाकई बहुत काम है अथवा आप एक ही काम में आवश्यकता से अधिक समय लगाकर स्वयं ही सब काम करना चाहते हैं?

उपर्युक्त बातों पर संक्षिप्त विचार करने के बाद अपने कार्य करने के लिए कुछ साधारण नियम बनाकर उनका नियमित पालन कीजिए—

1. अपने विभिन्न कार्यों के लिए दैनिक, साप्ताहिक, मासिक, वार्षिक तथा दीर्घकालीन लक्ष्य निर्धारित कीजिए।
2. अपनी स्वयं की आवश्यकताएँ नियमित रूप से पूरी कीजिए।
3. पारिवारिक एवं व्यावसायिक/कार्यालयीन कार्यों एवं अपने लक्ष्यों में यथासंभव सामंजस्य बनाए रखिए।
4. याद रखिए कि आप सबको संतुष्ट नहीं कर सकते और न ही अपने आप सब काम कर सकते हैं। इसलिए योग्यता व सामर्थ्य के अनुरूप अन्य व्यक्तियों को कुछ काम सौंपिए और उन्हीं से पूरे भी करवाइए।
5. स्वयं को तनावरहित रखने के लिए नियमित समयानुसार काम कीजिए, अपने ऊपर सभी कामों का बोझ न लादिए।
6. जहाँ तक संभव हो, कर्मचारियों को उनके नाम से याद रखिए। उनके परिवार के बारे में समय-समय पर पूछताछ कीजिए। आवश्यकता पड़ने पर उनकी व्यक्तिगत, पारिवारिक अथवा आर्थिक मदद कीजिए, हिचकिचाइए नहीं।
7. सहयोगियों व कर्मचारियों की समय-समय पर प्रशंसा कीजिए। उन्हें अपनी गलतियाँ एवं कमजोरियाँ तलाशने व उन्हें ठीक करने का पर्याप्त अवसर दीजिए।
8. अनावश्यक क्रोध पर अपना नियंत्रण रखिए। याद रखिए कि एक मिनट क्रोध करके आप अपनी 60 सेकंड की प्रसन्नता बरबाद कर रहे हैं।
9. क्रोध से बचने के आसान उपाय अपनाइए। जैसे ऑफिस-ड्रावर में विक्स की गोलियाँ रखिए। घर में काँच की बरनी में बेसन के लड्डू तैयार रखिए। जितनी देर तक ये चीजें आपके मुँह में रहेंगी, उतनी देर में आप क्रोध करना भूल जाएँगे।
10. केवल धन उपार्जन के लिए ही अनाप-शनाप कार्यों में अपने को मत लगाइए। स्वयं को स्वस्थ एवं तनावरहित रखना अधिक महत्त्वपूर्ण है।

11. आप जो काम सक्षमता से नहीं कर सकते अथवा कोई ऐसा काम जो आप नहीं करना चाहते अथवा अपनी देखरेख में किसी अन्य व्यक्ति से भी नहीं करा सकते, बेहतर होगा कि उसके लिए पहले से ही 'न' कह दें। यद्यपि एकाध बार 'न' कहना दु:खदाई हो सकता है तथापि आपके दीर्घकालीन संबंधों के लिए यह लाभदायक होगा।
12. जिस प्रकार ट्रेन में यात्रा के समय आप सारा सामान सुव्यवस्थित करके ऊपर-नीचे रख देते हैं, उसी प्रकार जीवन-यात्रा में भी सारी चिंताएँ व सारे काम अपने ऊपर लादकर न रखिए। समयानुसार उन पर विचार करके उचित निर्णय कीजिए।

कार्यालय अथवा व्यवसाय में दिन-रात व्यस्त रहने के साथ-साथ आपको अपने पारिवारिक जीवन में भी सामंजस्य बनाए रखना अति आवश्यक है। इसके लिए भी समय-प्रबंधन के अंतर्गत आप कुछेक साधारण नियम अपना सकते हैं—

1. अपने कार्यों की मानसिक अथवा लिखित सूची बनाइए।
2. फालतू के कामों में व्यर्थ समय नष्ट करने से बचिए, जैसे टेलीविजन पर निरंतर क्रिकेट मैच देखते रहना, मित्रों से गपशप करते रहना, चाय-पकौड़े खाते रहना आदि।
3. परिवार के अन्य सदस्यों से नियमित रूप से भोजन पर बातचीत कीजिए।
4. कार्यालय अथवा व्यवसाय में अत्यंत आवश्यक कार्य होने पर पति/पत्नी, बच्चों व अन्य व्यक्तियों से कुछेक कार्य करने के लिए नि:संकोच सहायता लीजिए। समय-समय पर उनकी प्रशंसा कीजिए और उन्हें उपहार भी दीजिए। आवश्यकता पड़ने पर उनकी यथासंभव सहायता कीजिए।
5. बाग-बगीचे एवं घर-परिवार के जो भी काम-काज नियमित रूप से आप अन्य व्यक्तियों से करा सकते हैं, उनमें अपना समय नष्ट न कीजिए।
6. यदा-कदा परिवार के सदस्यों के साथ बाहर घूमने-फिरने, खाने-पीने का आनंद लीजिए, नित्यप्रति नहीं।
7. बच्चों के स्कूल के उत्सव आदि में अवश्य जाने का प्रयत्न कीजिए।
8. अनावश्यक रूप से अन्य व्यक्तियों व मित्रों पर भार न बनिए। अपने यहाँ भी नियमित पार्टियाँ आदि आयोजित करने से बचिए।
9. जन्मदिन, वैवाहिक वर्षगाँठ व अन्य प्रमुख अवसर अवश्य याद रखिए।

यथासंभव पत्र लिखिए, कार्ड भेजिए या संदेश भेजिए।

10. सात्त्विक एवं पौष्टिक आहार लीजिए। पार्टियों आदि में भी अनावश्यक खान-पान से बचिए।
11. व्यवसाय अथवा कार्यालय में अपनी झूठी शान बघारने के लिए अपने पारिवारिक जीवन को बरबाद न कीजिए।

कार्यालय में अपने काम-काज और विभिन्न परियोजनाओं में भी आपका बहुत सारा समय अनजाने ही व्यर्थ के कामों में नष्ट होता रहता है। इससे बचने के लिए समय-प्रबंधन के साधारण नियम अपनाकर आप न केवल स्वयं को समय के साथ रख सकते हैं, बल्कि अपने अधिकारियों/ सहयोगियों/ कर्मचारियों के लिए भी उदाहरण प्रस्तुत कर सकते हैं।

निम्नलिखित सामान्य नियमों का अनुपालन आपको अपने सहयोगियों में अग्रणी रहने में सहायक होगा—

1. कार्यालय में यथासंभव समय से पहले पहुँचिए।
2. दिन भर के आवश्यक कार्यों की एक मानसिक अथवा लिखित सूची तैयार कीजिए।
3. अपने अधिकारियों/ सहयोगियों/ कर्मचारियों से आवश्यक मंत्रणा कम-से-कम समय में अवश्य कीजिए।
4. टेलीफोन/ फैक्स/ ई-मेल/ कंप्यूटर आदि का अपने काम के सहायक के रूप में प्रयोग कीजिए।
5. टेलीफोन पर अवश्य उपलब्ध रहिए, लेकिन विषयांतर बातचीत करने से बचिए।
6. अनावश्यक व्यक्तियों से मिलने-जुलने में अपनी असमर्थता विनम्रतापूर्वक व्यक्त कीजिए।
7. मीटिंग के एजेंडा के अनुसार आवश्यक तैयारी करके समय से पहले पहुँचिए और केवल अपने विषय पर संतुलित बात कीजिए। अन्य विषयों पर अनावश्यक राय/ मशविरा देने से बचिए।
8. सभी पत्रों के यथासंभव संक्षिप्त उत्तर अवश्य दीजिए।
9. पत्र आदि की अनावश्यक अतिरिक्त प्रतियाँ न बनवाइए। आवश्यकता पड़ने पर फोटोप्रतियाँ बनवा सकते हैं अथवा कंप्यूटर से प्रतियाँ निकाल सकते हैं।
10. पत्रोत्तर की कार्यालय प्रतियाँ तुरंत संबंधित फाइलों में रखिए, अन्यथा

सप्ताह या महीने भर में इनका ढेर लग जाता है और उसके लिए अलग से समय नष्ट करना पड़ता है।

11. सभी फाइलें, स्टेशनरी आदि यथास्थान रखिए, ताकि आवश्यकता पड़ने पर उनको तलाशने में समय नष्ट न करना पड़े।
12. कार्यालय/ व्यवसाय के सभी आवश्यक उपकरण चालू हालत में रखिए।
13. सरकारी कार्यालयों के नियम व कानून का पालन करना तो उचित है, लेकिन उससे कम या अधिक नहीं।
14. अपने अधिकारियों/ सहयोगियों/ कर्मचारियों के काम-काज की समय-समय पर सराहना कीजिए, केवल उनकी गलतियाँ न निकालते रहिए।
15. अपने अधिकारियों/ सहयोगियों/ कर्मचारियों के साथ समय-समय पर आवश्यक विचार-विमर्श अवश्य कीजिए। उनकी कठिनाइयाँ सुनिए व उन्हें सुलझाइए। आवश्यक सहायता नि:संकोच कीजिए और समयानुसार उनकी सहायता लीजिए।
16. यदि आपको मीटिंग का संचालन करना है तो एक निश्चित एजेंडा बनाकर सभी संबंधित व्यक्तियों को सूचित कीजिए। एजेंडा के विषयों पर अपनी निश्चित राय प्रस्तुत कीजिए। लेकिन सभी संबंधित व्यक्तियों की राय सुनने के बाद उस विषय पर तुरंत अवश्य ही निर्णय कीजिए।
17. कार्यालय/व्यवसाय के गुणवत्ता संबंधी नियमों का पालन कीजिए। अन्य व्यक्तियों को भी ऐसा करने के लिए प्रोत्साहित कीजिए।
18. सम्मेलन/ संगोष्ठी आदि में नियमित रूप से भाग लीजिए। लेकिन अन्य व्यक्तियों को भी अवसर का सदुपयोग करने के लिए प्रोत्साहन दीजिए।
19. विस्तृत पत्र आदि लिखने से बचिए। अपनी बात संक्षेप में लिखिए। यथासंभव टेलीफोन का उपयोग कीजिए।
20. कार्यालय में सामाजिक सौहार्दपूर्ण वातावरण बनाने में सहायता कीजिए।
21. प्रमुख घटनाओं/ कार्यक्रमों जैसे नई ब्रांच का उद्घाटन आदि के लिए निश्चित योजना बनाकर कार्य कीजिए।
22. कार्यालय में क्वालिटी सर्किल, सुझाव योजनाएँ, राजभाषा प्रयोग जैसे अतिरिक्त कार्यकमों में भाग लेने के लिए कर्मचारियों को निरंतर प्रोत्साहित कीजिए।
23. अंग्रेजी की एक कहावत है—'कैरी द पीपुल विद यू'। इसके अनुसार अधिकारियों/ सहयोगियों/ कर्मचारियों को अपनी सभी परियोजनाओं की

संक्षिप्त जानकारी देकर उनसे यथासंभव विचार-विमर्श अवश्य कीजिए।

24. अनावश्यक रूप से शुभ मुहूर्त अथवा तारीख निश्चित करने में अपना अधिक समय व्यर्थ न गँवाइए। ऐसा मानकर चलिए कि प्रत्येक दिन सुबह 11 बजे का समय बहुत शुभ होता है और प्रत्येक महीने की 1, 5, 7, 11, 15, 17, 21, 25, 27 तारीखें बहुत शुभ होती हैं।

किसी भी कार्य के बारे में आप अपना थोड़ा सा समय लगाकर आवश्यक विचार-विमर्श करके, शांत मन से चिंतन करके, अपना बहुत सारा समय व्यर्थ नष्ट होने से बचा सकते हैं और इसके साथ-साथ स्वयं को तनावमुक्त भी रख सकते हैं, स्वस्थ एवं चुस्त-दुरुस्त भी रह सकते हैं।

□

16 सुव्यवस्थित कार्यस्थल

समय के महत्त्व को ध्यान में रखते हुए आप अपने कार्यस्थल को सुव्यवस्थित रखने के कुछ साधारण नियम अपना सकते हैं। आवश्यकता पड़ने पर अपने कुछ उपनियम भी बना सकते हैं, लेकिन ये तभी तक उपयोगी होंगे जब तक आप उनका नियमित रूप से पालन करने की क्षमता रखते हैं। छोटी-छोटी बातें यथासमय पालन करते रहने पर अनावश्यक रूप से जी का जंजाल नहीं बनतीं और आप अपने काम दक्षतापूर्वक कर सकते हैं; अपनी विभिन्न परियोजनाओं को सफलतापूर्वक संपन्न कर सकते हैं एवं समय की बचत भी कर सकते हैं।

कार्यालय में अनेक आधुनिक उपकरण, अच्छा सुविधाजनक फर्नीचर आदि स्वस्थ कार्य वातावरण उत्पन्न करते हैं और आगंतुकों पर भी अच्छा प्रभाव डालते हैं। यह आवश्यक होता है। इसे लक्जरी अथवा खर्च कम करने की श्रेणी में न डालिए। क्या आपने कभी सोचा है कि कार्यालय में केवल आपका ही नहीं, बल्कि कर्मचारियों के लिए बनाया गया टॉयलेट सबसे महत्त्वपूर्ण है। एक साफ-सुथरा व अच्छा टॉयलेट निश्चय ही कर्मचारियों के लिए जरूरी होता है।

टॉयलेट का आलीशान होना आवश्यक नहीं, लेकिन वह साफ-सुथरा व अच्छा होना चाहिए। वहाँ पर सभी उपयोगी वस्तुएँ ठीक-ठाक होनी चाहिए। एक अच्छा प्रसाधनगृह आपके आगंतुकों को भी प्रभावित करता है। इस संदर्भ में एक मनोरंजक किस्सा है कि जापान की एक अति प्रतिष्ठित गुणवत्ता परिपूर्ण संस्था के वरिष्ठतम अधिकारीगण व अध्यक्ष महोदय भारत में एक बड़ी प्रतिष्ठित कंपनी से जब कुछ व्यवसाय के सिलसिले में विचार-विमर्श के लिए आए, तब वे यहाँ कंपनी कार्यालय को देखकर गद्‌गद हो गए। कार्यालय वातावरण का उन पर बहुत अच्छा प्रभाव पड़ा और आनन-फानन में बातचीत के बाद सौदे को अंतिम रूप दे दिया गया।

जब केवल डॉक्यूमेंट पर दोनों पक्षों के हस्ताक्षर होने बाकी रहे तब जापानी संस्था के अध्यक्ष महोदय को टॉयलेट जाने की आवश्यकता महसूस हुई। एक अधिकारी उन्हें सौजन्यतापूर्वक लेकर गया। लेकिन जब वह टॉयलेट से लौटे तो उनका मूड एकदम बदल गया। अनेक छोटी-छोटी बातें जैसे नल में पानी न आना, टॉयलेट पेपर न होना आदि खामियाँ देखकर वह खिन्न हो गए। परिणामस्वरूप उन्होंने पूरे-का-पूरा सौदा ही बिना कोई कारण बताए रद्द कर दिया। उनका कहना था कि जब इतनी बड़ी कंपनी अपना टॉयलेट तक ठीक से नहीं रख सकती तो फिर उसकी शानो-शौकत का कोई लाभ नहीं। हो सकता है कि वह कंपनी मानक गुणवत्ता के अनुरूप उत्पाद आपूर्ति न कर पाए।

चित्र 16.1 : सुव्यस्थित कार्यस्थल

इसी प्रकार आपकी टेबल का सुव्यवस्थित होना भी आवश्यक है, क्योंकि अव्यवस्थित रूप से रखी हुई टेबल पर कोई भी वस्तु तलाशने में आपका बहुत सारा समय बरबाद होगा। कई बार अत्यावश्यक कागज न मिलने पर मानसिक यंत्रणा के साथ-साथ आर्थिक व सामाजिक हानि भी हो सकती है।

इसके विपरीत, यदि आपकी टेबल पर सभी वस्तुएँ सुव्यवस्थित रखी होंगी तो निश्चय ही आप कोई भी कागज तुरंत पा सकेंगे और काफी समय की बचत होगी, आपके आगंतुक भी प्रसन्न होंगे, आप आर्थिक लाभ भी प्राप्त करेंगे, आपकी उत्पादकता, दक्षता व निपुणता में उन्नति होगी, आपके सहयोगी व कर्मचारी प्रसन्न

होंगे, आपके अधिकारी भी आपके काम से संतुष्ट रहेंगे और इन सबके फलस्वरूप आप तनावरहित व तरोताजा रह सकेंगे।

सबसे पहले आप विभिन्न उपकरण आदि रखने के स्थान निश्चित कर लीजिए। टेलीफोन, कंप्यूटर आदि सुगमता से आपकी पहुँच में होने आवश्यक हैं। टेबल पर केवल अति आवश्यक एवं महत्त्वपूर्ण फाइल, कागज आदि रहने चाहिए। बाकी सभी चीजें साइड रैक पर रखना ठीक रहेगा। आपकी टेबल ड्रावर भी सुव्यवस्थित होनी चाहिए। इसके लिए कुछेक साधारण नियम अपनाइए—

1. टेबल पर रखे अनावश्यक कागज, रिपोर्ट आदि उचित फाइल में रखिए अथवा उन्हें फेंक दीजिए।
2. मासिक, वार्षिक रिपोर्ट उपयुक्त फाइल में रखिए।
3. आवश्यक सूचनाएँ अपने टेबल प्लानर में नोट कीजिए।
4. काम करनेवाले कागज, फाइल आदि एक ओर सिलसिलेवार रखिए।
5. किसी भी कागज, फाइल आदि को एक बार पढ़कर निर्णय कीजिए।
6. केवल अति गंभीर मुद्दों को अलग से विचार-विमर्श के लिए रखिए।
7. मीटिंग में उपयोगी कागज, रिपोर्ट आदि को अलग फाइल में रखिए।
8. अनावश्यक कागजी कार्रवाही से बचिए व अधिक प्रतियाँ न बनवाइए।
9. बड़े-बड़े कठिन लगने वाले कार्यों को छोटे-छोटे टुकड़ों में बाँटकर उन पर आवश्यक कार्रवाही कीजिए।
10. एक बार में एक ही कार्य पर अपना ध्यान केंद्रित कीजिए।
11. एक कार्यसूची बनाइए और इसमें यथासंभव सुधार करते रहिए।
12. ऐसा निश्चय कर लीजिए कि आपके पास आनेवाले कागज, फाइल आदि आपकी टेबल पर अधिक देर तक नहीं रुकेंगे
13. अपने आपको सुव्यवस्थित करने का काम आज ही कीजिए। याद रखिए कि कल कभी नहीं आता, वह फिर आज हो जाता है।
14. सुव्यवस्थित वातावरण में आरंभ किए गए कार्य आप सही प्रकार से एक ही बार में कर सकेंगे और निश्चय ही समय की बचत होगी।
15. कार्यालय के विभिन्न उपकरण चालू हालत में रखिए।
16. सभी वस्तुएँ रखने का स्थान नियत कीजिए और उनका उपयोग करने के बाद उन्हें यथास्थान रखिए।
17. अपने बंद कमरे में न बैठकर थोड़े प्राकृतिक वातावरण में आइए।
18. आपकी टेबल पर बाईं ओर से दिन का प्राकृतिक प्रकाश पड़ना चाहिए।

19. नियमित रूप से प्रयोग किए जानेवाले टेलीफोन नंबर, पते आदि आपके पास तुरंत उपलब्ध होने चाहिए।
20. टेबल पर अनावश्यक किताबें, मैन्युअल, सीडी, फ्लॉपी आदि न रखें, उनके लिए अलग से स्थान नियत कीजिए।
21. चाय, कॉफी, पानी आदि रखने के लिए उचित प्रबंध कीजिए।
22. कंप्यूटर, टेलीफोन आदि आपके बाईं ओर साइड रैक पर व्यवस्थित रूप से रखे होने चाहिए।
23. अनावश्यक सजावट की वस्तुएँ न लगाइए।
24. टेबल पर कार्य करने योग्य एवं आगंतुकों से विचार-विमर्श करने योग्य स्थान अवश्य उपलब्ध रहना चाहिए।
25. निपुण एवं दक्ष व्यावसायिक स्तर पर कार्य करने की आदत डालिए।

आपको दिन भर जिस कार्यालय में बैठकर कार्य करना है, अनेक आगंतुकों से मिलना-जुलना है, आवश्यक विचार-विमर्श करना है, अनेक व्यावसायिक निर्णय करने हैं, जो आपके लिए आर्थिक रूप से लाभकारी होने चाहिए—इसके लिए आपके कार्यालय, आपकी टेबल आदि का सुव्यवस्थित होना अति आवश्यक है। निश्चय ही एक सुव्यवस्थित वातावरण में काम करके आप समय की बचत तो करेंगे ही, स्वयं को तनावरहित रखते हुए स्वस्थ भी रह सकेंगे।

□

17 आपके बॉस का समय-प्रबंधन

यह कुछ अटपटा सा लग सकता है, लेकिन विश्वास कीजिए कि आपको अपना समय-प्रबंधन सही रखने के लिए केवल अपना ही नहीं, अपने कर्मचारियों का, अपने सहयोगियों का, अपने आगंतुकों का तथा प्रमुख रूप से अपने बॉस का समय-प्रबंधन भी करना पड़ेगा। वास्तव में आप इस प्रक्रिया में उनको साथ लेकर कार्यों अथवा उनके विचार-विमर्श में अपना समय-प्रबंधन सही प्रकार से सुनिश्चित कर पाएँगे, ताकि आप अपना बहुमूल्य समय व्यर्थ नष्ट होने से बचा सकें।

निम्नलिखित विशिष्ट आयाम आपके वरिष्ठ अधिकारियों एवं अधीनस्थ कर्मचारियों में सीधा व प्रभावी संबंध निर्धारित करते हैं—

1. आप निश्चित रूप से जानना चाहते हैं कि आपके बॉस आपसे क्या अपेक्षा करते हैं—
   यह आपको विभिन्न कार्यों के लिए बॉस की प्राथमिकताएँ जानकर उचित प्राथमिकता निर्धारित करने में सहायक होगा।
2. आप बॉस के साथ अपने कार्य, लक्ष्य व प्रगति मानकों के बारे में विचार-विमर्श करना चाहते हैं—
   यह आपको अपने लक्ष्यों व बॉस के लक्ष्यों में सामंजस्य करने में सहायक होगा।
3. आप प्रभावी रूप से ही काम करना चाहते हैं—
   इसके अंतर्गत आप अपने बॉस को बता सकते हैं कि आपको प्रभावी रूप से अपना कार्य करने के लिए किस प्रकार की सलाह-मशविरा,

सहयोग, निर्देशन व अन्य संसाधनों की आवश्यकता होगी।

4. आप चाहते हैं कि आपके बॉस आपके काम में दिलचस्पी लें—
इसके अंतर्गत आप अपनी प्रगति के बारे में बॉस से विचार-विमर्श के साथ-साथ यह भी जान सकेंगे कि क्या आप ठीक प्रकार से काम-काज कर रहे हैं अथवा कुछ परिवर्तन करने की आवश्यकता है।
5. आप कार्यालय में संभावित परिवर्तन की अग्रिम सूचना पाना चाहते हैं—
इस प्रकार आप अपने कार्यों में आवश्यक परिवर्तन का समावेश आसानी से कर सकेंगे।
6. आप अपने बॉस के साथ मानवतापूर्ण एवं बराबरी का व्यवहार चाहते हैं। इसके अंतर्गत आप बॉस को अपने कार्य के संबंध में यह बता सकते हैं कि आप भी उनकी तरह एक मनुष्य हैं और यथासंभव सही प्रकार से काम संपन्न करने की कोशिश कर सकते हैं।

इसके बाद यह विश्लेषण करना आवश्यक है कि आपके विचार में आपके बॉस कहाँ-कहाँ पर गलती करते हैं। निम्नलिखित साधारण नियम इस विश्लेषण में आपकी सहायता कर सकते हैं—

1. आपके बॉस कभी उपलब्ध नहीं होते हैं—
यह आपके साथ विचार-विमर्श में बाधक हो सकता है, इसलिए सुबह कार्यालय आरंभ होने के समय उनसे बात कीजिए।
2. आपके बॉस आपको कभी कुछ नहीं बताते हैं—
यह आपके कार्यालय में प्रभावी रूप से कार्य करने व उत्पादकता में बाधक हो सकता है, इसलिए आप अन्य स्त्रोतों से तुरंत ही कुछ-न-कुछ जानकारी अवश्य प्राप्त करने का प्रयत्न करें।
3. आपके बॉस अकसर अपनी बात से मुकर जाते हैं—
यह परिस्थिति बहुत ही खतरनाक है। इससे निपटने के लिए आपको अपने विचार थोड़े परिवर्तनशील रखने होंगे। शायद आपके बॉस यह नहीं समझेंगे, लेकिन आप भ्रामक परिस्थितियों में न पड़ें तो अच्छा रहेगा।
4. आपके बॉस आपके काम में अनावश्यक हस्तक्षेप करते हैं अथवा आपके काम भी वे ही करना चाहते हैं—
यह परिस्थिति बहुत दुःखदायी हो सकती है, लेकिन इसके कारण

आपको तनावग्रस्त न होकर सकारात्मक विचार-विमर्श करना चाहिए।

5. आपके बॉस सदा ही पूरा श्रेय स्वयं लेना चाहते हैं—
   इस विषय में थोड़ा सा चिंतन करते हुए उचित समय मिलने पर अन्य उच्च अधिकारियों से भी अपनी परियोजनाओं पर आवश्यक विचार-विमर्श कर सकते हैं।
6. आपके बॉस आपको नहीं बताते कि आपके बारे में उनकी क्या राय है—
   इसकी चिंता न करके आप 'गीता' का उपदेश याद कीजिए—
   'कर्मण्येवाधिकारस्ते, मा फलेषु कदाचन'।
   अपना काम कीजिए और फल की चिंता मत कीजिए, फल तो आपको मिलेगा ही।

इसके बाद प्रश्न उठता है कि समुचित समय-प्रबंधन करने के संदर्भ में आप अपने बॉस को किस प्रकार बदल सकते हैं। अनेक कार्यालयों में इस प्रकार का नोटिस आप देख सकते हैं—

नियम 1 — बॉस हमेशा सही होता है।

नियम 2 — जब कभी आपको लगे कि बॉस गलत है तो नियम-1 के अनुसार सोचिए।

यह बात काफी हद तक सही भी हो सकती है। आपके बॉस कभी यह नहीं चाहेंगे कि आप उनकी बात न मानें अथवा बीच में ही उनकी बात काटकर अपना पक्ष प्रस्तुत करना आरंभ कर दें। संभवत: आप भी बॉस बनने पर ऐसा ही करेंगे अथवा अब भी अपने अधीनस्थ कर्मचारियों के साथ ऐसा ही करते होंगे। आप हार न मानिए और निरंतर इस बात का प्रयत्न करते रहिए कि आप उन्हें समझा सकें—

1. बॉस के साथ विचार-विमर्श करने में आप अपने तथा संस्था के उद्देश्य एवं लक्ष्य से भटकिए मत। उनको यथासंभव ध्यान में रखते हुए अपना कार्य करते रहिए।
2. समय-समय पर बॉस से विचार-विमर्श करते रहिए। उनको ऐसा लगना चाहिए कि उनकी सलाह व निर्देश महत्त्वपूर्ण हैं।
3. यथासंभव अपने कार्य, अधिकार व लक्ष्य का लिखित विवरण प्रस्तुत कीजिए और उन पर अपने बॉस की सलाह लेकर आवश्यक संशोधन कीजिए।
4. कार्यालय में उपलब्ध होनेवाली विभिन्न सूचनाओं के बारे में अग्रिम

जानकारी रखने का प्रयत्न कीजिए और किसी तरह का भ्रम होने पर समाधान हेतु बॉस से विचार-विमर्श कीजिए।

5. एक निश्चित कार्यक्रम के अनुसार बातें नोट करके उनके बारे में सबको बताइए तथा बॉस को भी सूचित कीजिए।
6. अपना आत्मविश्वास एवं मनोबल बनाए रखिए। निराश न होकर विश्वासपूर्वक अपना कार्य संपन्न कीजिए।
7. अपने सहयोगियों व अधीनस्थ कर्मचारियों के साथ काम करने के साथ-साथ टीम-भावना से काम करने का प्रशिक्षण उन्हें भी दीजिए।
8. अपने बॉस को एक साधारण मनुष्य जैसा समझिए और यह मानकर चलिए कि वह भी गलती कर सकते हैं। लेकिन कभी भी अपना पक्ष प्रस्तुत करते समय यथासंभव सौम्यता से व्यवहार कीजिए। संभवतः बॉस अपने आप भी कुछ समझने का प्रयत्न करें।
9. बॉस के साथ कम-से-कम समय में संबंधित विषयों पर केवल आवश्यक विचार-विमर्श कीजिए। उनकी सलाह को महत्त्वपूर्ण मानिए। बॉस को निश्चित रूप से यह आभास कराइए कि उनकी सलाह व निर्देश आपके लिए महत्त्वपूर्ण हैं।

इस प्रकार आप देखेंगे कि थोड़ा सा प्रयत्न करके ही आप अपने बॉस को सही परिस्थितियों से अवगत कराने में सफल होते हैं और इस प्रकिया में अपने समय के साथ-साथ उनके समय का प्रबंधन भी सफलतापूर्वक कर सकेंगे।

□

18 मीटिंग में समय की बचत

अपने कार्यालय, व्यवसाय अथवा पारिवारिक कार्यों के सिलसिले में आपको अवश्य ही मीटिंग या विचार-विमर्श में भाग लेना होता है, जो औपचारिक भी हो सकती हैं और अनौपचारिक भी। नि:संदेह कुछेक साधारण नियम अपनाकर आप किसी भी प्रकार की मीटिंग अथवा विचार-विमर्श में सकारात्मक योगदान करने के साथ-साथ अपना बहुत सारा समय व्यर्थ नष्ट होने से बचा सकते हैं।

समय-प्रबंधन के एक प्रसिद्ध विशेषज्ञ जॉन मोल ने अपनी पुस्तक 'माइंड योर मैनर्स' में लिखा है—''मीटिंग सबसे महत्त्वपूर्ण व सबसे अधिक समय खर्च करनेवाली तकनीक है, क्योंकि मीटिंग में केवल आवश्यक व महत्त्वपूर्ण निर्णय लिए जाते हैं और उनके बारे में सभी संबंधित व्यक्तियों से सही ढंग से विचार-विमर्श, अनुमोदन, अनुशंसा, सूचना, संचारण अथवा कार्यान्वयन प्रक्रिया आदि निर्धारित किए जाते हैं। किसी भी मापदंड से मीटिंग को आपके काम में व्यवधान नहीं माना जा सकता। किसी भी मीटिंग को बीच में छोड़कर आना, टेलीफोन करना अथवा अन्य कोई कागज, पत्र आदि देखते रहना, एकदम अनुचित है।''

यद्यपि अनेक बार यह कहा जाता है, 'जिस विषय पर कोई निर्णय न करना हो, उसके लिए एक समिति बना देनी चाहिए जो हमेशा मीटिंग करती रहेगी।' अनेक बार यह भी कहा जाता है, 'सबसे अच्छी मीटिंग दो व्यक्तियों में ही हो सकती है, बशर्ते कि उनमें से एक अनुपस्थित हो।' तथापि इन सबके विपरीत, सभी संबंधित व्यक्तियों के सहयोग से, एक सुव्यवस्थित रूप से संचालित मीटिंग 'समय की बचत करने, लागत नियंत्रण करने, परियोजना की प्लानिंग करने, कम-से-कम समय में अधिकतम व्यक्तियों तक बहुत अधिक जानकारी का संचारण करने अथवा कोई आवश्यक निर्णय लेने के लिए सबसे महत्त्वपूर्ण एवं प्रभावी

तकनीक है।'

वास्तव में मीटिंग दो या अधिक व्यक्तियों की किसी विशिष्ट विषय पर सभी संबंधित पक्षों से विचार-विमर्श करके उचित निर्णय पर पहुँचने की एक आदर्श तकनीक है। किसी भी प्रकार की मीटिंग में यह महत्त्वपूर्ण है कि किस स्तर के कौन से व्यक्ति उपस्थित रहेंगे, अध्यक्षता कौन करेगा, संचालन की प्रक्रिया क्या होगी, संभवतः कानूनी व औपचारिक नियमों का भी पालन करना होगा, सदस्यों के बैठने की स्थिति क्या होगी, एजेंडा बनाकर मीटिंग में विचार-विमर्श व निर्णय का विवरण लिखने की और बाद में अन्य आवश्यक कार्रवाही की जिम्मेदारी किस पर होगी आदि।

सभी संबंधित विषयों पर विस्तृत विचार-विमर्श करके उचित निर्णय पर पहुँचने के अतिरिक्त भी मीटिंग के अनेक लाभ हैं—

1. जब आप मीटिंग में जाते हैं तो अपने समय को अन्य प्रकार के व्यवधानों के कारण नष्ट होने से बचाते हैं।
2. संभवतः मीटिंग में जब आपके संबंधित विषय पर चर्चा न हो रही हो तब आप मानसिक रूप से किसी अन्य विषय पर चिंतन कर सकते हैं।
3. मीटिंग के बीच अथवा अंत में चाय, कॉफी, बिस्किट व अन्य अल्पाहार का आनंद भी ले सकते हैं।

अनेक बार मीटिंग विफल होने अथवा इसमें समय व्यर्थ होने के कई कारण हो सकते हैं, जिनमें प्रमुख हैं—

1. मीटिंग का आयोजन उचित प्रकार से नहीं किया गया।
2. संभवतः मीटिंग की कोई आवश्यकता ही नहीं थी।
3. मीटिंग में उपयुक्त वातावरण नहीं बन सका।
4. गलत व्यक्ति मीटिंग में आए व सही व्यक्ति अनुपस्थित रहे।
5. अध्यक्ष उचित प्रकार से मीटिंग का संचालन न कर सके।
6. विषयांतर होता रहा और समय का ध्यान न रखा गया।
7. मीटिंग का विषय, उद्देश्य एवं एजेंडा अस्पष्ट थे।

एक आदर्श मीटिंग के मुख्य उद्देश्य इस प्रकार हो सकते हैं—

1. अनेक प्रकार की सूचनाएँ सभी संबंधित पक्षों को एक साथ देना, ताकि सूचना संचारण प्रक्रिया में कोई तोड़-मरोड़ न हो।
2. सभी संबंधित पक्षों से आवश्यक सूचनाएँ एकत्र करना।

3. किसी एक व्यक्ति द्वारा महत्त्वपूर्ण अथवा मूल्य संवर्धित विषय पर विशिष्ट एवं विस्तृत रूप से प्रस्तुतीकरण करना।
4. सदस्यों से नए-नए विचार प्राप्त करना अर्थात् अपने 'बाएँ मस्तिष्क'—प्राकृतिक, उचित कारण सहित, प्रणालीबद्ध तथा सेंसिबिल चिंतन के विपरीत 'दाएँ मस्तिष्क'—अंतरात्मा, रचनात्मक, खेल-खेल में, बच्चों की तरह, निडरतापूर्वक, तनिक सा चिंतन करके अपने विचार प्रकट करना।
5. किसी विशिष्ट महत्त्वपूर्ण विषय पर निर्णय करना।
6. संभावित वैकल्पिक उपायों पर विचार-विमर्श करना।
7. सभी संबंधित व्यक्तियों द्वारा संभावित परेशानी अथवा किसी अनुचित, अचानक व्यवधान पर चर्चा करना।
8. समग्र गुणवत्ता प्रबंधन के अनुसार अनेक व्यक्तियों को सामूहिक रूप से उनके व्यवहार एवं दृष्टिकोण में परिवर्तन हेतु अवगत कराना।

अब सबसे महत्त्वपूर्ण बात है कि मीटिंग में अपने उद्देश्य पर पहुँचने के क्रम में समय की बचत के उपाय किए जाएँ एवं समय व्यर्थ नष्ट न किया जाए। इसके लिए निम्नलिखित साधारण नियम अपनाए जा सकते हैं—

1. मीटिंग के लिए भली प्रकार से संपूर्ण तैयारी कीजिए।
2. संचालक द्वारा मीटिंग का एजेंडा व्यवस्थित रूप से बनाकर सभी संबंधित पक्षों को मीटिंग से पहले ही वितरित करना चाहिए।
3. एजेंडा के अनुरूप स्पष्ट रूप से मीटिंग का संचालन कीजिए।
4. किसी अन्य विषय पर विचार-विमर्श जब आवश्यक व महत्त्वपूर्ण हो तभी अध्यक्ष की अनुमति से होना चाहिए। मीटिंग के आरंभ में केवल 10 मिनट से अधिक समय न लगाइए।
5. मीटिंग के संचालन पर बिना विषयांतर किए पूर्ण नियंत्रण रखिए।
6. मीटिंग के अंत में विचार-विमर्श तथा निर्णय का स्पष्ट विवरण दीजिए।
7. मीटिंग के बाद कार्यान्वयन की जिम्मेदारी के लिए स्पष्ट विवरण दीजिए।

यदि आप मीटिंग में केवल भाग लेने जा रहे हैं तो उसके लिए भी कुछेक साधारण नियम अपनाइए—

1. मीटिंग के समय संबंधित विषयों पर विचार-विमर्श में भाग लेकर सही निर्णय लेने में अपना समय लगाइए।
2. मीटिंग में आवश्यक तैयारी करके जाइए और समय से पहले पहुँचिए।

3. यदि अन्य सदस्य विषयांतर करके भावुकतापूर्ण बात करना आरंभ करें, तो चुपचाप न बैठिए, निडर होकर अध्यक्ष को संबोधित करके ऐसे सदस्यों को रोकने का प्रयत्न कीजिए।
4. लेकिन यह बात भी बड़ी शालीनता से, उचित तरीके से, सदस्यों को बिना रुष्ट किए स्पष्ट रूप से कहिए।
5. यदि आप समझें कि अध्यक्ष मीटिंग के एजेंडा के अनुरूप सही प्रकार से संचालन नहीं कर पा रहे हैं अथवा विषयांतर पर विचार-विमर्श रोकने में असमर्थ हैं, तो सौजन्यतापूर्वक एजेंडा के विषयों पर विचार-विमर्श करने और निर्णय लेने में उनकी सहायता कीजिए।
6. निश्चय ही आप अपने विचार स्पष्ट रूप से, बिना भावुकता के, शांत एवं शालीन आवाज में प्रस्तुत कीजिए।
7. जब तक आवश्यक न हो, विषयांतर से निरंतर बचिए।
8. किसी भी क्षण अपना आपा न खोइए एवं तनावरहित रहिए।

उपर्युक्त साधारण नियमों का पालन करके आप निश्चित ही अपना और अन्य व्यक्तियों का बहुत सारा समय नष्ट होने से बचा सकेंगे।

□

19 तनावरहित कार्य-प्रणाली

संभवतः आप आश्चर्य करेंगे कि तनावरहित रहकर कार्य करने से समय की बचत का क्या संबंध है। निश्चय ही इनका सीधा संबंध है, चूँकि कार्यालय में अनेक प्रकार के दबाव, व्यवधान और अपेक्षाओं के फलस्वरूप आप शारीरिक, वैचारिक अथवा मानसिक रूप से तनावग्रस्त हो सकते हैं। इसके परिणामस्वरूप आप नियमित काम करने में मन नहीं लगा सकेंगे।

तनावग्रस्त रहते हुए कार्य में विफल भी हो सकते हैं। आप अवांछित शारीरिक व्याधियों को भी आमंत्रित करेंगे। तनावग्रस्त अवस्था में निरंतर काम करते रहने से कालांतर में वह 'प्रबंधकीय कार्यपालक तनाव' के रूप में सामने आता है।

कार्यालय अथवा पारिवारिक कार्यों के कारण तनावग्रस्त रहने के फलस्वरूप आप साधारणतया निम्नलिखित व्याधियों से ग्रस्त रह सकते हैं—

1. नियमित नकारात्मक विचार।
2. अनावश्यक चिड़चिड़ापन, अनुचित विरोध, अज्ञात भय की भावना, अनावश्यक चिंता, अकारण दबाव आदि।
3. काम में मन न लगना, निर्णयात्मक क्षमता का ह्रास आदि।
4. काम में निरंतर गलतियाँ और बार-बार दोहराना आदि।
5. नियमित दवाएँ जैसे नींद की गोली आदि की अभ्यस्तता।
6. अनेक प्रकार की संभावित शारीरिक व्याधियाँ।
7. मानसिक विक्षिप्तता।

कार्यस्थल पर अनुचित दबाव के अतिरिक्त भी तनावग्रस्त रहने के अनेक कारण हो सकते हैं। अमेरिका के वाशिंगटन विश्वविद्यालय द्वारा लगभग 5000

व्यक्तियों पर किए गए सर्वेक्षण के अनुसार तनाव बढ़ने के निम्नलिखित प्रमुख कारण पाए गए—

तालिका 17.1

तनाव बढ़ने के प्रमुख कारण

	विवरण	प्रतिशत
1.	परिवार के प्रिय व्यक्ति से बिछुड़ना	100
2.	तलाक होना	73
3.	अनावश्यक कानूनी काररवाही	63
4.	व्यक्तिगत अथवा परिवार में कोई दुर्घटना	53
5.	विवाह का उत्सव	50
6.	नौकरी छूट जाना	47
7.	अंसतुष्ट पारिवारिक जीवन	45
8.	सेवानिवृत्ति	45
9.	असंतुष्ट वैवाहिक जीवन	39
10.	नौकरी में परिवर्तन	36
11.	कार्यस्थल पर जिम्मेदारी में परिवर्तन	29
12.	पुत्र अथवा पुत्री से अलगाव	29
13.	कोई व्यक्तिगत उपलब्धि	28
14.	पत्नी व पति का अलग-अलग कार्य	26
15.	उच्च अधिकारी के साथ परेशानी	23
16.	कार्य परिस्थितियाँ अथवा कार्य समय में परिवर्तन	20
17.	वार्षिक छुट्टियाँ	13
18.	त्योहार आदि की छुट्टियाँ	12

तंनावपूर्ण परिस्थितियों में काम करते रहने के कारण आप अपने नियमित काम-काज पर ध्यान नहीं दे पाएँगे और आपका समय नष्ट होता रहेगा।

पारिवारिक तनाव से तो आप किसी तरह निपट सकते हैं, लेकिन कार्यालय तथा कार्यस्थल पर तनाव उत्पन्न होने के कारण आपके नियंत्रण में नहीं होते। समय नष्ट होने के सबसे अधिक प्रमुख कारण निम्नलिखित पाए जाते हैं—

1. अपर्याप्त एवं असंतोषजनक कार्यस्थल परिस्थितियाँ।

2. आपकी क्षमता से अधिक एवं कठिन कार्य।
3. आपके काम-काज के बारे में स्पष्ट विचार एवं सूचना का अभाव।
4. दो या अधिक व्यक्तियों को एक ही काम की जिम्मेदारी।
5. अधिकारियों/ सहयोगियों/ कर्मचारियों से असंतोषजनक संबंध।
6. कार्यालय में आपके कार्य का अनुचित मूल्यांकन।
7. कार्यालय की अव्यवस्थित संरचना एवं असंतोषजनक वातावरण।

चित्र 19.1 : तनावपूर्ण कार्य-प्रणाली

निश्चय ही आपकी संस्था एवं कार्यस्थल पर सभी परिस्थितियाँ सही प्रकार से परिवर्तित करके तनावरहित वातावरण बनाए रखना आपके नियंत्रण से परे हो सकता है, लेकिन आप कुछ साधारण नियम अपनाकर अपने कार्य से संबंधित खामियों को यथासंभव ठीक करके, अपने व कार्यालय के अन्य सहकर्मियों के लिए तनावरहित परिस्थितियाँ बनाने की नींव तो रख ही सकते हैं। इसके लिए कुछ साधारण नियम अपनाने की आवश्यकता है—

1. कार्यालय में क्षमता से अधिक कठिन काम होने पर घबराने की बजाय आप निडर होकर, संबंधित आँकड़ों के विवरण सहित अपने अधिकारियों को यह स्पष्ट रूप से बता सकते हैं कि इतना अधिक अथवा इतना कठिन काम करना आपके बस का नहीं है।

   इसमें आपको कोई हीनभावना महसूस करने की आवश्यकता नहीं है। इसके साथ-साथ आप यह भी कह सकते हैं कि एक-दो अन्य व्यक्तियों की सहायता मिलने पर आप जिम्मेदारी के साथ वह

कार्य कर पाएँगे। यह प्रक्रिया आपके आत्मविश्वास में वृद्धि करेगी।

2. साधारणतया आपकी क्षमता से कम अथवा सरल काम होने की अवस्था में आप तनावपूर्ण व्यवहार कर सकते हैं। इस विषय में अपने अधिकारियों से आवश्यक विचार-विमर्श करके यह बात स्पष्ट रूप से बताई जा सकती है, अन्यथा आपको अयोग्यता की अनुभूति होने लगेगी।

   इससे भी अच्छा यह होगा कि आप अपने कार्य की गुणवत्ता में संरचनात्मक सुधार व उन्नति करने के लिए कुछ प्रस्ताव करें और उन पर सभी संबंधित व्यक्तियों से विचार-विमर्श करके उन्हें लागू करें।

3. कार्यालय में काम की अस्पष्टता अथवा एक ही काम की जिम्मेदारी एक से अधिक व्यक्तियों के पास होने की अवस्था भी आपके लिए तनावपूर्ण परिस्थितियाँ उत्पन्न कर सकती है।

   इन परिस्थितियों से निपटने का सबसे अच्छा उपाय है कि आप अधिकारियों से विचार-विमर्श करके अपने लिए स्पष्ट रूप से कार्य सीमा निर्धारित करें अथवा इस प्रकार की एक सूची अपने आप बनाकर अधिकारियों से विचार-विमर्श करें।

4. कार्यालय में आपके अधिकारियों, सहयोगियों व कर्मचारियों से असंतोषजनक संबंध होने की परिस्थिति भी आपके लिए अत्यंत खतरनाक एवं तनावपूर्ण हो सकती है।

   अपने अधिकारियों, सहयोगियों व कर्मचारियों से समय-समय पर अपने विभिन्न कार्य एवं परियोजनाओं के बारे में विचार-विमर्श करते रहिए।

   उनको भी ऐसा लगना चाहिए कि आप उन्हें अपने किसी भी काम में भागीदार मानते हैं। उनके व्यक्तिगत दुःख एवं अवसाद में उनकी आर्थिक, सामाजिक एवं अन्य प्रकार से सहायता करने से न हिचकिचाएँ।

5. कैरियर में उन्नति के पर्याप्त अवसर न मिलने से भी आपके लिए तनाव उत्पन्न हो सकता है। निरंतर इस परिस्थिति में काम करते रहने के विपरीत संस्था के अंतर्गत अथवा बाहर किसी अन्य संस्था में तलाश सकते हैं।

किसी भी संस्था में संतोषजनक परिस्थितियाँ उत्पन्न करके सौहार्दपूर्ण वातावरण बनाना यद्यपि प्राथमिक रूप से संस्था के प्रबंधन की जिम्मेदारी होती है, तथापि संस्था में कार्य करनेवाले सभी व्यक्तियों द्वारा इसमें सहयोग करना आवश्यक है।

इसके लिए तीन साधारण उपाय अपनाए जा सकते हैं—

1. **संचार व्यवस्था** : सभी कर्मचारियों को सभी प्रकार की परियोजनाओं के विषय में समय-समय पर आवश्यक सूचनाओं की उपलब्धता।
2. **समय नियंत्रण** : प्रत्येक व्यक्ति एवं विभाग के कार्यों की स्पष्ट परिभाषा एवं उनको निश्चित नियमावली के अंतर्गत काम-काज करने की स्वतंत्रता।
3. **कौंसिलिंग** : संस्था प्रबंधन द्वारा कर्मचारियों को समय-समय पर विभिन्न विषयों पर कौंसिलिंग एवं अन्य स्वास्थ्यवर्धक कार्यक्रम आयोजित करने की सुविधा।

इस प्रकार विभिन्न स्तरों पर अनेक उपाय अपनाकर एक तनावरहित वातावरण में कर्मचारियों को सुविधाजनक परिस्थितियों में काम-काज करने की स्वतंत्रता से वे मन लगाकर ध्यानपूर्वक काम कर सकेंगे। इस प्रक्रिया में वे न केवल अपना समय नष्ट होने से बचा सकेंगे, बल्कि नियमित रूप से अतिरिक्त काम में भी अपना योगदान कर सकेंगे।

□

20 समय ही तो सबकुछ है

अमेरिका की बहुचर्चित पत्रकार, चिंतक तथा नारीवादी लेखिका ग्लोरिया स्टाइनम का एक लेख समय के एक बृहत् परिप्रेक्ष्य में वर्तमान काल और भविष्य काल के 'समय' के संदर्भ में स्त्री व पुरुष दृष्टिकोण पर प्रकाश डालता है, तथापि मूलतः इसका सीधा संबंध 'समयबद्ध प्रबंधन' विषय से है।

उनके अनुसार, ''जीवन के सही-सही नियमन के लिए हमें वर्तमान और भविष्य, स्त्रियोचित तथा पुरुषोचित दृष्टियों का संतुलित प्रारूप बनाकर उसे स्वीकार करना होगा। आज यदि स्त्रियों को दुनिया के प्राकृतिक संसाधनों के बँटवारे और समयबद्ध योजनाओं के गठन में अधिक भागीदारी दी गई तो निश्चय ही उनमें भविष्य के प्रति एक नई दृष्टि और बेहतर व्यावहारिक समझ विकसित होगी। ''आगे वह लिखती हैं—''स्त्रियों को 'समय' की धारा को देखने और उसमें अपनी जगह बनाने के प्रति अपना दृष्टिकोण बदलना होगा। अपने जीवन की तमाम भागदौड़ के बीच भविष्य की सुचारु एवं दीर्घकालीन योजना बनाने लायक साहस भी उन्हें स्वयं ही अर्जित करना होगा।''

विभिन्न वर्गों की क्षमता और समाज में उनकी स्थिति मापने का एक महत्त्वपूर्ण पैमाना यह है कि वे अपने भविष्य के लिए कितनी दूर तक योजनाबद्ध तैयारी करते हैं अथवा कर सकते हैं।

''अमीर और मध्यवर्गीय व्यक्ति जहाँ आनेवाली एकाधिक पीढ़ियों के परिप्रेक्ष्य में भविष्य की तैयारी करते हैं, वहीं गरीब व्यक्ति अगले चंद दिनों की ही सोच पाते हैं।''

यह बात हर वर्ग की अधिकतर महिलाओं पर लागू होती है। आगे वह लिखती हैं—''बाद के वर्षों में अपनी उस बस्ती से निकलकर कॉलेज गई, पत्रकार

बनकर ऊपर उठी और मध्यमवर्गीय जीवन से जुड़ी, तब भी अपने भविष्य के लिए दीर्घकालीन योजनाएँ बनाने में मैं हिचकती ही रही। मुझे लगता था कि नौकरी बचाने के लिए मुझे अपना कार्यक्रम सदैव इतना लचीला रखना चाहिए कि संपादक के मिनट भर के नोटिस पर मैं हवाईजहाज पकड़कर किसी स्टोरी की कवरेज करने के लिए निकल सकूँ। जबकि मेरे पुरुष सहकर्मी अपने पत्रकारीय काम के अलावा अपनी कई दीर्घकालीन योजनाओं पर भी लगातार काम करते रहते थे। उस समय न मेरे पति थे, न बच्चे, पर काम में उन्नति कर लेने के बावजूद मुझे लगता था कि कैरियर प्लानिंग करना ठीक नहीं। एक न एक दिन जब मेरा घर-परिवार होगा, मुझे फिर ऐसे लचीलेपन, ऐसी आज्ञाकारिता की जरूरत अवश्य पड़ेगी। इसका नतीजा यह हुआ कि मैंने कभी ठीक से भविष्य के लिए योजनाएँ तैयार नहीं कीं और दंडस्वरूप कई बार बचत, बीमा और अच्छे फ्लैट जैसी आवश्यक उपलब्धियों से वंचित होना पड़ा।

''दूसरी ओर मेरी कुछ विवाहित मित्र ऐसी थीं, जिन्होंने अपने पतियों के साथ सहजीवन की प्लानिंग तो की, पर वह उनके पतियों के कामकाजी जीवन की बेहतरी पर ही लागू होती रहीं, स्वयं उनकी कामकाजी जिंदगी निरंतर खूँटी पर टँगी रहती—कभी बच्चों के नाम पर तो कभी पति के कैरियर पर आए दबाव को सहज ढंग से निपटाने के लिए।

''मेरा एकमात्र सहकर्मी, जो मेरी ही तरह की अस्तव्यस्त जिंदगी जीता था, अश्वेत था। एक सफल पत्रकार और समालोचक बनने के बाद भी नौकरी की सुरक्षा के लिए वह मेरी ही तरह वर्षों तक एक बार में एक ही असाइनमेंट हाथ में लेता रहा। उसका और मेरा उदाहरण गवाह है कि भविष्य की प्लानिंग के प्रति दबे हुए वर्गों की हिचकिचाहट केवल वर्गगत या लिंगगत दायरों के संदर्भ में नहीं समझी जा सकती। आर्थिक वर्ग विशेष से उबरकर भी लोग ऐसे रंगभेद, नस्लभेद और जातीय संस्कारों के मकड़जाल में फँसे रह सकते हैं और अपने जीवन की बागडोर पूरी तरह अपने हाथों में नहीं ले पाते।

''नारीवादियों और अन्य कमजोर वर्गों ने अभी चेतन रूप से भले ही अपने बीच समय की स्वस्थ अवधारणा और भविष्योन्मुखी योजनाओं के इस अकाल को अपनी निम्नतर स्थिति के स्रोत के रूप में न पहचाना हो, पर इतना फर्क जरूर आया है कि महिलाएँ अपनी तरह से अब पुरानी परंपराओं को चुनौती देने लगी हैं।

''नारीवादी आंदोलन को यह इसलिए लग रहा है कि उसे अपने से कहीं छोटे, लेकिन योजना के स्तर पर बहुत सुगठित दक्षिणपंथी गुटों से कई बार करारे

झटके मिलते रहे हैं। दक्षिणपंथी गुटों की महिला विरोधी मुहिम बड़ी स्पष्टता से परिभाषित है और उसके संगठन छोटे किंतु मजबूत हैं। इसके विपरीत अकसर स्त्रियाँ अन्याय के खिलाफ ढंग से योजना बनाकर रण छेड़ने की बजाय आपातकाल के दौरान एक तुरंत प्रतिक्रिया दिखाती हुई अचानक और अल्पकाल के लिए ही लामबंद होती हैं।

''हमारे समाज का नारीवादी लेखन प्रायः समाज के रोगों का सटीक निदान तो प्रस्तुत करता रहा, लेकिन उनका सटीक उपचार नहीं दे पाया। हमें अपने बीच अब जरूरत है, कई ऐसी तटस्थ, मेहनती और दूरद्रष्टा योजनाकारों की, जो हमारे संघर्ष के अगले चरणों के लिए महिला पंचवर्षीय योजनाओं का प्रारूप तैयार करें। क्या आपने कभी सोचा है कि हमने ऐसी लंबी सावधि योजनाओं पर कितना कम विचार किया है। यह स्पष्ट है कि स्त्रियों को समय की धारा को देखने और उसमें अपनी जगह बनाने के प्रति अपने दृष्टिकोण में परिवर्तन करना होगा।''

वर्तमान से कन्नी काटकर केवल भविष्य की ही प्लानिंग करनेवाले करोड़ों पुरुषों ने अपने कार्यालय या कॉर्पोरेट जिंदगी के अंत में भारी नाम और धन जमा करने के लिए अपने वर्तमान में कार्यक्षेत्र की संदिग्ध कार्य-शैली और अनैतिक चूहादौड़ की ओर सहर्ष हाथ बढ़ा रखा है। उनसे पूछिए कि उनके कार्यक्षेत्र के बाहर उनका वर्तमान कैसा है, तो अधिकतर व्यक्ति निरुत्तर ही रहेंगे।

जीवन के सही-सही नियमन के लिए हम सबको वर्तमान और भविष्य, स्त्रियोचित और पुरुषोचित, दृष्टियों का एक समग्र और संतुलित प्रारूप बनाकर उसे स्वीकार करना होगा। इससे पुरुषों व स्त्रियों, दोनों को ही लाभ होगा। उदाहरण के लिए अगर पुरुष अपने बच्चों की देखभाल के लिए थोड़ा और समय तथा महत्त्व देने लगे, तो उनमें एक नया धीरज और लचीलापन स्वतः ही विकसित होगा। यदि स्त्रियों को विश्व के प्राकृतिक संसाधनों के बँटवारे और अन्य समयबद्ध योजनाओं के गठन में अधिक भागीदारी दी गई, तो उनमें भविष्य के प्रति एक बेहतर व्यावहारिक समझदारी का विकास होने की आशा है।

जहाँ तक मानव जीवन का प्रश्न है, स्त्रियोचित ढंग से केवल तुरंत भावुक प्रतिक्रियाएँ व्यक्त करना या पुरुषों की तरह वर्तमान को अपनी ही मुट्ठी में जकड़े-जकड़े भविष्य के सपनों में जीने का हठ पालना, दोनों ही तेवर अंततः समय को व्यर्थ गँवानेवाले प्रमाणित होते हैं। अंततः समय ही तो सबकुछ है।

□

21 समय का प्रभाव

जो समय बीत गया, उसे भूलकर इस पर विचार करना है कि भविष्य के समय का किस प्रकार सदुपयोग किया जाए। संभवतः कुछ नया लेखन कार्य किया जा सकता है, नई पुस्तक के बारे में विचार किया जा सकता है, अपनी डॉक्टरेट की थीसिस में आवश्यक सुधार करके उसे जमा करने के लिए तैयार किया जा सकता है, अर्थात् समय का सकारात्मक उपयोग किया जा सकता है।

हर घटनाक्रम में नियति का, एक अज्ञात शक्ति का योगदान रहता है। ऐसी परिस्थिति उत्पन्न हो जाती है, जिस पर आपका नियंत्रण नहीं रहता। आप केवल उस विपरीत परिस्थिति से पार पाने के उपाय ही कर सकते हैं, इससे भी बड़ी बात है कि उस अज्ञात शक्ति ने ही संभवतः और भी बड़ा व्यवधान उपस्थित होने से बचाया, अन्यथा कुछ भी हो सकता था।

सबसे महत्त्वपूर्ण बात है कि एक निश्चित समय इस व्यवधान से पार पाने में लगेगा ही। इसलिए निराशा छोड़कर, अपना मनोबल बनाए रखकर तथा व्यवधान को निरस्त करने के उपाय समयानुसार करने की आवश्यकता है। निश्चय ही अँधेरी रात के बाद सुबह के उजाले की तरह, दुःख भरा समय बीतकर सुख से परिपूर्ण समय अवश्य आएगा। जैसे सुख भरा समय सदा नहीं रहता, वैसे ही दुःख भरा समय भी सदा नहीं रहेगा, क्योंकि समय निरंतर परिवर्तनशील है।

□

22 आत्म-विश्लेषण एवं आत्म-अनुभूति

आत्म-विश्लेषण की प्रक्रिया यद्यपि प्रथम दृष्ट्या कठिन प्रतीत हो सकती है तथापि एक बार इस प्रक्रिया को आरंभ करने पर आप देखेंगे कि इसे बहुत सरलता से अपनाया जा सकता है। सर्वप्रथम आपको अपनी योग्यता व क्षमता में निरंतर वृद्धि करते रहने का संकल्प करना होगा। इसके बाद आप नियमित रूप से 10-15 दिन अथवा एक महीने तक अपने विभिन्न कार्यों का संक्षिप्त विवरण लिखिए और उसमें लगे समय की व्यवस्थित सूची बनाइए। इसके बाद आपको अपने कार्य एवं समय विवरण का विश्लेषण करना होगा, ताकि यह जान सकें कि आप अपने कार्य में कहाँ-कहाँ पर मूल्य-संवर्धन कर सकते हैं; कार्य को सही तरीके से कर सकते हैं और इस प्रक्रिया में यथासंभव समय की बचत भी कर सकते हैं।

मूल्य संवर्धन विश्लेषण

1. दिन-प्रतिदिन के कार्यों को सरल करना व उत्कृष्टता का समावेश।
2. अचानक व अप्रत्याशित व्यवधानों से बचने के उपाय।
3. कार्य करने के क्रम में अपनी क्षमता में वृद्धि करने के उपाय।
4. कार्य प्रणाली एवं प्रक्रिया में आवश्यक परिवर्तन।
5. आवश्यकता पड़ने पर अधीनस्थ कर्मचारियों को कार्य सौंपना।

कार्य आधारित विश्लेषण

1. अधिकारियों द्वारा नियत कार्यों को उनकी प्राथमिकता के अनुसार निपटाना।

2. प्रणाली अथवा प्रक्रिया में स्पष्टतया वर्णित कार्य करने के उपाय।
3. कर्मचारियों को काम की जिम्मेदारी सौंपना व उनसे काम करवाना।
4. संस्था के ग्राहकों व अन्य विभागों से संबंधित कार्य निपटाना।
5. कार्य प्रक्रिया में उन्नति करने के लिए स्वयं सोच-विचार करना।

समयबद्ध विश्लेषण

1. निश्चित समय पर आवश्यक प्रशासनिक कार्य।
2. संचार एवं सूचना आदान-प्रदान में आवश्यक समय।
3. प्रक्रिया व प्रणाली के लिए आवश्यक समय।
4. अधीनस्थ कर्मचारियों के कार्य का पर्यवेक्षण।
5. नष्ट हुआ समय।

इस प्रकार किए गए विश्लेषण के उपरांत आप यह जान पाएँगे—

1. कितना समय आपने नियमित प्रणाली व प्रक्रिया के कार्यों में लगाया है।
2. कितना समय आपने कार्य आयोजन करने में लगाया है।
3. कितना समय आपने रचनात्मक कार्यों पर सोच-विचार करने में लगाया है।
4. कितना समय आपने व्यर्थ नष्ट किया है।

अब समय-प्रबंधन व चिंतन प्रक्रिया के अंतर्गत आपको अपने विश्लेषण के अनुसार यह निश्चित करना है कि अपना समय लगाकर आप क्या-क्या आवश्यक कार्य करते हैं। निश्चय ही आपको समय-प्रबंधन नियमों के अनुसार केवल अपनी क्षमतापूर्वक ही नहीं, बल्कि अधिक प्रभावी रूप से काम करना आवश्यक है, इसके लिए—

1. मूल्य संवर्धन विश्लेषण में अपनी क्षमता-वृद्धि तथा नवीन प्रक्रिया परिवर्तन पर ध्यान केंद्रित कीजिए।
2. कार्य आधारित विश्लेषण में आप स्वयं निर्धारित कार्य तथा उच्च अधिकारियों द्वारा दिए गए कार्यों पर ध्यान केंद्रित कीजिए।
3. समय विश्लेषण में आयोजनात्मक, रचनात्मक, निर्णयात्मक एवं गंभीर चिंतन पर ध्यान केंद्रित कीजिए।

इन सबको एक साथ मिलाकर यदि विचार करें तो पाएँगे कि आप अपनी क्षमता-वृद्धि एवं नवीन परिवर्तन के लिए स्व-निर्धारित कार्य संपन्न करके अपने समय का सर्वोत्तम सदुपयोग कर सकते हैं।

आत्म-विश्लेषण की इस समूची प्रक्रिया में आप केवल अपने भाग्य पर ही

निर्भर नहीं रह सकते हैं। इन सबमें आपकी निपुणता, दक्षता, अंतर्दृष्टि, निरंतर अभ्यास और अनुशासन ही काम आएँगे। ग्रे प्लेयर के शब्दों में—"जितना अधिक मैं अभ्यास करता हूँ, उतना ही अधिक भाग्यशाली हो जाता हूँ।"

इस प्रक्रिया में अगली कड़ी है—आत्म-अनुभूति।

सबसे पहले एक दार्शनिक भावना के साथ अपने आपसे निम्नलिखित प्रश्नों के उत्तर तलाशें—

1. मैं कौन हूँ?
2. मैं क्या हूँ?
3. मेरी शक्तियाँ क्या हैं?
4. मेरे अधिकार क्या हैं?
5. मेरी योग्यताएँ क्या-क्या हैं?
6. मेरी क्षमताएँ कितनी हैं?

संभवत: इन सब प्रश्नों के उत्तर बहुत कठिन हैं, लेकिन संस्कृत के एक वाक्य में इनके उत्तर छिपे हैं—

'अहम् ब्रह्मास्मि'

धैर्यपूर्वक विचार करने पर आप पाएँगे कि इसमें बहुत गहरे अर्थ छिपे हैं—

मैं ब्रह्म हूँ।

मैं ईश्वर का एक रूप हूँ।

मुझमें ईश्वर का एक अंश विद्यमान है।

मुझमें ब्रह्म के समान रचनात्मक शक्तियाँ विद्यमान हैं।

मैं भविष्य पर दृष्टिपात कर सकता हूँ।

मैं स्वप्न देख सकता हूँ, मैं भविष्यद्रष्टा हूँ।

मुझमें अपनी रचनात्मक शक्तियाँ विकसित करने की क्षमता है।

मैं अपनी भविष्यदृष्टि व अंतर्दृष्टि का विकास करने में सक्षम हूँ।

मैं अपनी इच्छाशक्ति व साहस का विकास करने में भी सक्षम हूँ।

मैं अपने सहयोगियों व कर्मचारियों को नेतृत्व प्रदान करने में सक्षम हूँ।

मैं अपने सहकर्मियों का विश्वास करता हूँ।

मैं उनको आत्मविकास के अवसर प्रदान करने में सक्षम हूँ।

मैं 'कर्मयोग' में विश्वास करता हूँ।

मैं 'निष्काम कर्म' में विश्वास करता हूँ।

'मैं मैं हूँ।' इसलिए अंग्रेजी भाषा में 'आई' अर्थात् 'मैं' को हमेशा कैपिटल

अक्षर से लिखा जाता है, जैसे 'गॉड' में 'जी' अक्षर हमेशा कैपिटल में लिखा जाता है।

समय-प्रबंधन एवं समय सदुपयोग की इस प्रक्रिया में इन सबके बाद आता है—आत्मविकास, जो आप अपने सहयोगियों के समुचित विकास के बल पर प्राप्त कर सकते हैं। इसके लिए कुछेक साधारण नियम इस प्रकार हैं—

1. उनकी बात ध्यानपूर्वक सुनिए व उचित समाधान कीजिए।
2. उनकी व्यक्तिगत परेशानियों में अपने को रखकर सोचिए।
3. उनकी सराहना कीजिए एवं उनसे समझौता कीजिए।
4. उनकी आलोचना न कीजिए और उन्हें दुत्कारिए भी नहीं।
5. ईमानदारी, निष्पक्ष भावना से काम कीजिए।
6. व्यक्तिगत परेशानियों में उनकी मदद कीजिए।
7. सभी सूचनाएँ संचारित कीजिए, लेकिन छिपाकर या जोड़-तोड़ करके नहीं।
8. आवश्यक संकल्प कीजिए, प्रण कीजिए व उसका निर्वाह कीजिए।
9. निरर्थक व अनावश्यक बहस करने से बचिए।
10. सहयोगात्मक व्यवहार करने की आदत डालिए।
11. नकारात्मक भावनाओं से छुटकारा पाइए।
12. सामाजिक दृष्टि से मिलनसार बनिए।
13. अपने लक्ष्य, उद्‌देश्य व साधन की स्पष्ट व्याख्या कीजिए।
14. अन्य सहयोगियों के योगदान को भी महत्त्वपूर्ण समझिए।
15. दिल से उनकी सहायता कीजिए, उनके दिल जीतिए, ताकि वे आपकी बात मानें।

आत्म-विकास के क्रम में एक महत्त्वपूर्ण बात याद रखिए कि आप अपना समय लगाकर जो भी कार्य करते हैं, वह केवल धन अर्जित करने के लिए नहीं कर रहे हैं, क्योंकि केवल धन कमाने से ही आप सभी चीजें प्राप्त नहीं कर सकते हैं।

धन अर्जित करके पा सकते हैं	**लेकिन नहीं पा सकते हैं**
सांसारिक वस्तुएँ पा सकते हैं।	आत्मविश्वास नहीं पा सकते।
सुंदर पलंग पा सकते हैं।	सुखद नींद नहीं पा सकते।
सभी दवाएँ पा सकते हैं।	अच्छा स्वास्थ्य नहीं पा सकते।
सभी पुस्तकें पा सकते हैं।	बुद्धि नहीं पा सकते।

बड़ा घर पा सकते हैं।	आत्मिक वातावरण नहीं पा सकते।
अनेक मित्र पा सकते हैं।	सच्चा साथी नहीं पा सकते।
बहुत सारा भोजन पा सकते हैं।	खाने की इच्छा नहीं पा सकते।
बहुत सारे कपड़े पा सकते हैं।	सुंदरता नहीं पा सकते।
बाह्य सुख-समृद्धि पा सकते हैं।	आंतरिक संतोष नहीं पा सकते ।
बहुत अधिक उत्तेजना पा सकते हैं।	थोड़ा सा आराम नहीं पा सकते।
सांसारिक सुख पा सकते हैं।	मानसिक शांति नहीं पा सकते।

जीवन में सकारात्मक दृष्टिकोण अपनाकर आप शत-प्रतिशत सफलता प्राप्त कर सकते हैं। याद रखिए कि आपका 'आत्म-विकास' केवल आप ही कर सकते हैं। विफलताओं से निराश होकर पुनः प्रयत्न कीजिए। अब्राहम लिंकन जीवन के प्रत्येक क्षेत्र में विफल होते रहे, लेकिन निरंतर प्रयास करने के फलस्वरूप अंततः अमेरिका के राष्ट्रपति पद पर पहुँचने में सफल रहे।

वास्तव में आप जीवन में आत्म-विकास करके ही सफलता के उच्चतम शिखर पर पहुँच सकते हैं और सफलता प्राप्त करने के लिए आपका व्यवहार, आपका ज्ञान, आपकी योग्यता, आपकी कार्य-निपुणता एवं आपकी क्षमता-वृद्धि आवश्यक है। निश्चय ही ये सब गुण आपको उचित समय पर, बिना समय नष्ट किए, आपके विभिन्न कार्यों को संपन्न करने में सहायक होंगे।

□

23 समय का वास्तविक आकलन

समय का सही-सही मूल्यांकन करना लगभग असंभव है। समय के मूल्य की वास्तविक झलक पाने के लिए निम्नलिखित तथ्यों पर विचार कीजिए—

1. एक वर्ष के समय का मूल्य—
   एक विद्यार्थी से पूछिए, जो परीक्षा में उत्तीर्ण न हो पाया हो।
2. एक माह के समय का मूल्य—
   एक माँ से पूछिए, जिसने समय से पूर्व अपने बच्चे को जन्म दिया हो।
3. एक सप्ताह के समय का मूल्य—
   एक साप्ताहिक पत्रिका के संपादक से पूछिए।
4. एक दिन के समय का मूल्य—
   एक दैनिक मजदूर से पूछिए।
5. एक घंटे के समय का मूल्य—
   एक प्रेमी युगल से पूछिए, जो समय का इंतजार कर रहा हो।
6. एक मिनट के समय का मूल्य—
   एक ऐसे व्यक्ति से पूछिए जिसकी ट्रेन छूट गई हो।
7. एक सेकंड के समय का मूल्य—
   एक ऐसे व्यक्ति से पूछिए जो दुर्घटना से बाल-बाल बचा हो।
8. एक मिलि सेकंड के समय का मूल्य—
   एक खिलाड़ी से पूछिए, जिसे ओलंपिक मेडल मिलते-मिलते रह गया हो। □

24 समय-प्रबंधन मेट्रिक्स

	आवश्यक कार्य I	अनावश्यक कार्य II
महत्त्वपूर्ण कार्य	—अति आवश्यक कार्य —नियत तिथि के कार्य —दुर्घटना संबंधी कार्य —तुरंत करनेवाले कार्य	—सुरक्षात्मक बचाव कार्य —व्यक्तिगत संबंधित कार्य —समय उपयोग के कार्य —सामाजिक कार्य —मान-सम्मान संबंधी कार्य —योजनात्मक कार्य
	I	II
साधारण कार्य	—अचानक टेलीफोन आदि —डाक से आए पत्रादि —मीटिंग संबंधी कार्य —आवश्यक कार्य —रोचक गतिविधियाँ —अचानक व्यवधान	—कागज-पत्र, डाक आदि —टेलीफोन आदि —समय नष्ट करनेवाले कार्य —मनोरंजन संबंधी कार्य —कार्यालय, केंटीन आदि —बेकार की गपशप आदि

□

25 समय-प्रबंधन की विडंबना

राजन के पास अपने कार्मिक प्रबंधन कार्यालय में कुछेक कर्मचारियों द्वारा भरे हुए व्यक्तिगत फार्म आदि की जाँच-पड़ताल करने का अति आवश्यक एवं महत्त्वपूर्ण कार्य था, जिसे करने में वह व्यस्त था। सुबह कार्यालय में पहुँचने पर जैसे ही उसने कार्य करना आरंभ किया, अचानक उच्च अधिकारी का टेलीफोन संदेश मिला कि पिछले सप्ताह जमा की जानेवाली इन्वेंट्री रिपोर्ट अभी तक नहीं मिली है। इसे तुरंत भिजवाइए।

राजन तुरंत ही इन्वेंट्री फाइल लेने के लिए रिकॉर्ड रूम की ओर चल पड़ा, लेकिन रास्ते में उस दिन की डाक देखने के लिए रुक गया। सबसे ऊपर ही एक अति आवश्यक पत्र में मशीन शॉप के कार्य से संबंधित कोई शिकायत मिली। राजन अपनी इन्वेंट्री फाइल छोड़कर उस पत्र को पढ़ने लगा और उस शिकायत पर विचार-विमर्श के लिए तुरंत ही मशीन शॉप की ओर चल पड़ा।

रास्ते में कैंटीन के पास से जाते समय कॉफी की खुशबू से आकर्षित होकर वह एक कप कॉफी पीने के लिए रुक गया। वैसे भी सुबह की चाय का समय हो गया था और कैंटीन में कार्यालय के अन्य सहयोगी पहले से ही बैठे हुए चाय, कॉफी, समोसा आदि का आनंद ले रहे थे। उनसे बातचीत-गपशप करते काफी समय बीता और लगभग दोपहर हो गई। समय कैसे बीता पता ही न लगा।

राजन द्वारा कार्यालय में सुबह से अब तक
किए गए समस्त कार्यों की उपलब्धि — कुछ भी नहीं।

□

26 पुनरावलोकन

मनुष्य के जीवन में समय का विशेष महत्त्व है। उचित समय पर उचित कार्य करनेवाला व्यक्ति ही सफलता के सोपान चढ़कर अपनी अलग पहचान बनाने में सफल होता है। एक बार समय हाथ से निकल जाने के बाद मनुष्य को पछताना ही पड़ता है, क्योंकि किसी भी कीमत पर बीता हुआ समय वापस नहीं आ सकता।

प्राचीन-काल में प्रत्येक व्यक्ति समय को बहुत अधिक महत्त्व देता था, क्योंकि उसकी दिनचर्या प्राकृतिक नियमों के अनुसार चलती रहती थी।

आर्यसमाज के संस्थापक महर्षि दयानंद सरस्वती प्रतिदिन अपनी दिनचर्या नियत कर लेते थे और प्रत्येक कार्यक्रम में निश्चित समय पर ही सदैव पहुँचते व सभी को समय पर कार्य पालन करने की सलाह देते थे।

इस सदी में हमारे समय के महान् अभियंता भारतरत्न मोक्षगुंडम् विश्वेश्वरैया सदा ही समय के सदुपयोग पर बल देते थे। उन्होंने सदा नियमित जीवन बिताया। जब वे सरकारी सेवा में थे, तब भी एक निश्चित दिनचर्या के अनुसार सभी कार्य करते थे। जैसे-जैसे वे अधिक जिम्मेदारी के पद पर पहुँचते गए, वैसे-वैसे उनकी व्यस्तता भी बढ़ती गई। वे अपनी दिनचर्या का और भी कड़ाई से पालन करने लगे।

बिना पूर्व निश्चित कार्यक्रम के वे किसी से भी मिलना पसंद न करते थे। यदि कोई व्यक्ति पाँच मिनट भी देर से आए तो यह कहने से न चूकते, "आपने मेरे पाँच मिनट बरबाद कर दिए।" मिलने का समय व अवधि पहले से निश्चित रहती व अवधि पूरी होने से पहले विश्वेश्वरैया बार-बार अपनी घड़ी देखने लगते। इस पर भी यदि आगंतुक उनका इशारा न समझे तो हारकर वे कहते—"बाकी बातें बाद में होंगी, अभी दूसरे व्यक्ति इंतजार कर रहे हैं।"

वास्तव में समय-प्रबंधन भी एक प्रकार से सही अवधारणा नहीं है। इससे

ऐसा प्रतीत होता है कि आप समय का नियंत्रण करके उसका प्रबंधन कर सकते हैं, सत्य यह है कि आप समय का नियंत्रण कर ही नहीं सकते। समय तो अपनी गति से चलता रहता है और आपके लिए समाप्त होता रहता है। आप केवल अपने आपको सुव्यवस्थित करके, अपने पास उपलब्ध समय का यथासंभव सदुपयोग करके अपना 'आत्म-विकास' कर सकते हैं।

प्रबंधन के विस्तृत पटल पर एक प्रमुख बात बहुत स्पष्ट है, जिसे हमें समझना चाहिए कि वहाँ हर गतिविधि में 'व्यक्ति' ही केंद्रित है। सब कुछ 'व्यक्ति' से चलता है, 'व्यक्ति' से आरंभ होता है और 'व्यक्ति' पर ही समाप्त होता है। सारा प्रबंधन, सारी गुणवत्ता, सारा कौशल, सारा समय-प्रबंधन आदि केवल 'व्यक्ति' पर निर्भर है अर्थात् 'व्यक्ति' ही सबसे महत्त्वपूर्ण है।

इस संदर्भ में समय का यथासंभव सदुपयोग एवं उचित समय-प्रबंधन ही मनुष्य के आत्म-विकास की न केवल एक सतत प्रक्रिया है, बल्कि उसके व्यक्तित्व विकास का भी एक महत्त्वपूर्ण अंग है।

'कुशल प्रबंधन' के लेखक सुरेश कांत के अनुसार हम केवल एक डायरी में अपने समय का लेखा-जोखा रखकर 'समय की खेती' कर सकते हैं। इसका अर्थ यह नहीं कि हम समय की अवधि बढ़ा सकते हैं। इसका अर्थ केवल इतना है कि हम अपने समय का कुशल प्रबंधन करके, अपने आपको सुव्यवस्थित करके, समय का विभिन्न कार्यों में सदुपयोग कर सकते हैं।

समय का सदुपयोग करने के लिए 'पहले स्वयं को परख लीजिए' और अपने 'व्यक्तित्व का विकास' कीजिए। इसके बाद अपने आस-पास के वातावरण को पहचानकर अन्य व्यक्तियों को विकसित होने का अवसर दीजिए, ताकि वे जीवन में सर्वतोन्मुखी प्रगति यात्रा में आपके सहयात्री बन सकें।

'प्रगति के लिए प्रतिभा आवश्यक है। इसलिए प्रतिभा को विकसित होने के लिए आवश्यक अवसर एवं अधिकार दीजिए। रचनात्मक सोच-विचार को प्रोत्साहन दीजिए। अपने अधीनस्थ कर्मचारियों व सहयोगियों को जिम्मेवारी दीजिए। अन्य व्यक्तियों के विचारों एवं कार्यों को भी उचित सम्मान व प्राथमिकता दीजिए,' क्योंकि व्यक्ति ही इस सृष्टि में समस्त कार्यों का केंद्रबिंदु है।

आपका सफल एवं प्रभावी समय-प्रबंधन अनेक व्यक्तियों के सतत सहयोग पर ही निर्भर करता है। अन्य व्यक्तियों के समय-प्रबंधन का आदर करने के साथ-साथ एकीकृत एवं प्रणालीबद्ध समय-प्रबंधन की दिशा अपनाइए।

दिन-प्रतिदिन के अपने समय-प्रबंधन के लिए सभी कार्य एक दैनिक कार्य-

सूची बनाकर उसमें लिख डालिए। फिर उसमें से अति-आवश्यक, आवश्यक, महत्त्वपूर्ण श्रेणी के कार्य पहले पूरे कीजिए, उसके बाद अन्य कार्यों पर ध्यान दीजिए। अनावश्यक कार्य, जिनमें आपका समय व्यर्थ ही नष्ट होने की आशंका हो, उन्हें छोड़ दीजिए अथवा अन्य व्यक्तियों को सौंप दीजिए। आप केवल इतना ध्यान रखिए कि आपके कार्य की सफलतापूर्वक संपन्नता ही आपका प्रमुख लक्ष्य व उद्देश्य है, केवल दिन भर व्यस्त दिखते रहना ही नहीं।

याद रखिए कि आपके पास भी अपने जीवन में प्रतिदिन के चौबीस घंटे में उतना ही समय उपलब्ध है जितना मदर टेरेसा, अल्बर्ट आइंस्टीन, हैलेन केलर, ल्यूइस पाश्चर, लियोनार्डो विंची, जॉर्ज वाशिंगटन, अब्राहम लिंकन, चार्ल्स डिगॉल, विंसटन चर्चिल, महात्मा गांधी, मोक्षगुंडम् विश्वेश्वरैया, बिल गेट्स, नारायण मूर्ति जैसी सफल महान् हस्तियों के पास उपलब्ध रहा है।

आप भी अपने आत्म-विश्वास के बल पर जीवन में अपने लक्ष्य व उद्देश्य प्राप्त करने में अवश्य सफल हो सकते हैं।

□

27 समय-प्रबंधन : संक्षेप में

आपका कार्यस्थल

1. कागज-पत्र आदि फाइल करने की उपयुक्त प्रणाली अपनाइए।
2. दिन-प्रतिदिन सभी कागज-पत्र संबंधित फाइल में ही रखिए।
3. अनावश्यक कागज-पत्र फाइल करके न रखिए।
4. गलत फाइलें लगाने व रखने में अपना समय नष्ट न कीजिए।
5. अपनी सभी फाइलों का वार्षिक पुनरीक्षण कीजिए।
6. सभी फाइलें अपनी टेबल पर मत रखिए।
7. सभी कागज-पत्र आदि का वार्षिक पुनरीक्षण कीजिए।
8. बेकार कागज-पत्र तुरंत फेंक दीजिए।
9. अपनी मेज पर कागज-पत्र कई दिनों तक जमा न रहने दीजिए।
10. प्राथमिकता व महत्त्व के आधार पर फाइलें निपटाइए।
11. डिक्टेशन वगैरह देने का काम एक नियत समय पर निपटाइए।
12. कार्यालय में आगंतुकों को हर समय आने की छूट न दीजिए।
13. अपनी टेबल डायरी में महत्त्वपूर्ण कार्य नोट कीजिए।
14. केवल अपने वर्तमान कार्यों से संबंधित फाइल मेज पर रखिए।
15. अपनी मेज पर स्टेशनरी के सभी सामान रखिए।
16. आपके सकारात्मक रवैये से निश्चय ही आपके अधिकारी, सहयोगी व कर्मचारी प्रभावित होकर इसे अपनाएँगे।

इस प्रकार आपका समय भी व्यर्थ नष्ट होने से बचेगा।

संचार व्यवस्था

1. दिन-प्रतिदिन सभी प्रकार की सूचनाएँ संबंधित व्यक्तियों को यथासंभव तुरंत उपलब्ध कराइए।
2. विशिष्ट प्रकार की सूचनाएँ संबंधित व्यक्तियों को विस्तार से दीजिए।
3. अपने अधिकारियों, सहयोगियों व कर्मचारियों से स्पष्ट शब्दों में अपनी बात कहिए, घुमा-फिराकर नहीं।
4. संबंधित व्यक्तियों की बात ध्यानपूर्वक सुनिए।
5. आगंतुकों से बातचीत करने का समय नियत कीजिए।
6. मीटिंग में विचार-विमर्श के दौरान अपनी बात स्पष्ट रूप से कहिए।
7. विभिन्न विभागों में पत्र लिखने के बजाय जबानी बात कीजिए।
8. छोटे-छोटे निर्देश देने के लिए सभी व्यक्तियों को अपने यहाँ न बुलाइए।
9. टेलीफोन पर बातचीत करते समय अन्य व्यक्तियों को असुविधा न हो, इसका अवश्य ध्यान रखिए।
10. टेलीफोन पर बात करने से पूर्व संबंधित जानकारी प्राप्त कीजिए।
11. संबंधित व्यक्तियों के न मिलने पर बार-बार टेलीफोन करने की बजाय उनके आने पर तुरंत बातचीत करने का संदेश छोड़ दीजिए।
12. क्लिष्ट विषयों पर बातचीत करने से पहले यह उचित होगा कि संबंधित व्यक्तियों को उसका संक्षिप्त लिखित विवरण प्रेषित कीजिए।
13. किसी अन्य कार्य में व्यस्त रहनेवाले कर्मचारियों से बातचीत का एक निश्चित समय निर्धारित कीजिए।
14. टेलीफोन पर संक्षेप में ही अपनी बात कहिए।
15. शालीनतापूर्वक व्यवहार कीजिए व अनावश्यक गपशप से बचिए।
16. फैक्स व ई-मेल जैसी सुविधाओं का भरपूर उपयोग कीजिए।
17. उपयुक्त प्रकार के टेलीफोन, फैक्स, कंप्यूटर आदि उपकरणों की व्यवस्था कीजिए व उन्हें चालू हालत में रखिए।

कागज-पत्र व्यवस्था

1. विभिन्न प्रकार के पत्र, रिपोर्ट आदि लिखने में सीमित समय लगाइए, व्यर्थ में उनकी लंबाई न बढ़ाइए।
2. अपने पास आए पत्रों में भी केवल महत्त्वपूर्ण बातों पर ध्यान दीजिए।
3. बेकार विषयों पर कागज-पत्र पढ़ने में समय नष्ट न कीजिए।
4. तीव्र गति से पढ़ने का अभ्यास कीजिए।

5. पत्रिकाएँ आदि पढ़ते समय भी महत्त्वपूर्ण लेख ही पढ़िए।
6. इंतजार करते समय कुछेक पत्रिकाएँ पढ़ने के लिए पास रखिए।
7. पत्रिकाओं व रिपोर्ट में महत्त्वपूर्ण अंश याद रखिए, उन्हें चिह्नित कीजिए।
8. आत्म-विकास संबंधी लेख अवश्य पढ़िए।
9. बार-बार रिपोर्ट आदि पूरी लिखने की बजाय फार्म का प्रयोग कीजिए।
10. फार्म आदि में समय-समय पर आवश्यक परिवर्तन कीजिए।
11. आंतरिक विभागों में पत्रादि न लिखकर टेलीफोन कीजिए।
12. बात या आदेश स्पष्ट व कम-से-कम शब्दों में लिखिए।
13. बड़ी-बड़ी रिपोर्ट के साथ एक पृष्ठ का सारांश अवश्य लगाइए।
14. कंप्यूटर जैसे आधुनिक उपकरणों का भरपूर प्रयोग कीजिए।

सूचना व्यवस्था

1. नियमित सूचनाओं के लिए मानक फार्म निर्धारित कीजिए।
2. आवश्यक व महत्त्वपूर्ण विषयों पर संपूर्ण सूचनाएँ दीजिए।
3. अनावश्यक सूचनाएँ, प्रपत्र आदि देना बंद कीजिए।
4. आवश्यक व महत्त्वपूर्ण कार्य यथासमय निपटाइए।
5. सभी प्रकार की सूचनाओं के विवरण देने की आवश्यकता नहीं है, लेकिन आवश्यक व महत्त्वपूर्ण विषयों पर पूरा विवरण दीजिए।
6. विशिष्ट प्रकार की सूचनाएँ अलग-अलग प्रपत्र में दीजिए।
7. कंप्यूटर टर्मिनल व ई-मेल पर समय-समय पर सूचनाएँ प्राप्त कीजिए।
8. अनावश्यक रूप से सूचना प्रसारण पर नियंत्रण न कीजिए।

मीटिंग प्रबंधन

1. मीटिंग में जाने से पूर्व विषय व एजेंडा की स्पष्ट जानकारी रखिए।
2. मीटिंग में निर्धारित समय पर पहुँचिए।
3. उपयोगी व्यक्तियों को ही मीटिंग में बुलाइए।
4. अनावश्यक विचार-विमर्श में भाग न लीजिए।
5. सभी संबंधित व्यक्तियों की बात सुनिए, किसी पर अपने विचार न थोपिए।
6. स्वयं बोलें पर अन्य व्यक्तियों को भी बोलने का अवसर दीजिए।
7. विषय या मुद्दे से अलग हटकर बात करके समय नष्ट न कीजिए।
8. अध्यक्ष को समुचित आदर सहित संबोधित कीजिए।
9. व्यक्तिगत दुर्भावना को मीटिंग में प्रकट न कीजिए।

10. केवल मीटिंग करने के लिए मीटिंग न कीजिए, समस्या का हल खोजिए।
11. सभी संबद्ध पक्षों की सहमति से उचित निर्णय लीजिए।
12. विचार-विमर्श का सही विवरण व कार्य निष्पादन की सही रिपोर्ट बनाइए।
13. मीटिंग के अंत में ही अगली मीटिंग की सूचना दीजिए।
14. समय की बचत करने के उपाय सुझाइए।

व्यवधान निराकरण

1. दिन भर में संभावित व्यवधानों को आने से पहले ही रोकिए।
2. सभी प्रकार के आगंतुकों को तुरंत व हमेशा न आने दीजिए।
3. अपने कर्मचारियों से मिलने का समय भी निश्चित कीजिए।
4. ऐसा मत सोचिए कि अवांछित व्यक्तियों को रोककर आप महत्त्वपूर्ण सूचनाओं से वंचित रहेंगे।
5. बार-बार आनेवाले व्यक्तियों के अनेक काम एक ही समय में निपटाइए।
6. महत्त्वपूर्ण कार्य करते समय कोई व्यवधान न आने दीजिए।
7. आप सभी के लिए अत्यधिक सहयोगी हो सकते हैं, लेकिन इसे नियमित मुसीबत न बनाइए।
8. अनावश्यक सलाह-मशविरा न दीजिए।
9. अपने विभाग से संबंधित जानकारी आवश्यकतानुसार तुरंत दीजिए अथवा संबद्ध व्यक्तियों को प्रेषित कीजिए।
10. विभिन्न उपकरण कार्य, सूचनाएँ व आगंतुकों से मिलना आदि कार्य नियत समय पर ही कीजिए।
11. अवांछित व्यक्तियों से निरंतर बचिए।
12. कार्यालय में प्रत्येक आगंतुक को अवसर न दीजिए।
13. नियत समय पर विचार-विमर्श के दौरान केवल अति आवश्यक टेलीफोन वार्त्तालाप ही कीजिए।
14. संस्था में सूचना संचार के लिए आधुनिकतम उपकरण लगवाइए।
15. टेलीफोन पर बातचीत के समय शीघ्रतापूर्वक सूचनाएँ दीजिए।

आयोजन

1. नियमित, गंभीर, रचनात्मक, संवेदनात्मक आदि विभिन्न कार्यों के लिए

अलग-अलग आयोजन कीजिए।

2. प्राथमिकता के आधार पर कार्य आयोजन कीजिए।
3. दिन-प्रतिदिन के महत्त्वपूर्ण व आवश्यक कार्यों की सूची बनाइए।
4. कार्यसूची में अप्रत्याशित कार्य के लिए समय का प्रावधान कीजिए।
5. आयोजन के समय डायरी, प्लानर, चार्ट आदि उपयोग कीजिए।
6. अंतिम समय सीमा तक कार्य समाप्त करने का आयोजन न कीजिए।
7. गंभीर व कठिन कार्यों के लिए विशिष्ट आयोजन कीजिए।
8. कार्य आयोजन इस प्रकार कीजिए कि किसी कार्य को करने के लिए अतिरिक्त दबाव न पड़े।

□

28 समय-प्रबंधन के अनमोल रत्न

1. ईश्वर की इस विलक्षण सृष्टि में आपके पास उपलब्ध प्रतिदिन के चौबीस घंटे का समय ही सबसे मूल्यवान संसाधन है।
2. समय उन चार बहुमूल्य वस्तुओं में से एक है, जिन्हें आप कितना भी प्रयत्न करने पर, किसी भी कीमत पर, दोबारा नहीं पा सकते—
    1. आपको प्राप्त जीवन।
    2. आपके द्वारा बोले गए शब्द।
    3. आपके द्वारा खोए हुए अवसर।
    4. आपके पास उपलब्ध समय।
3. समय का नियंत्रण लगभग असंभव है। आप केवल अपने आपको व अपने कार्यों को सुव्यवस्थित करके समय का सदुपयोग कर सकते हैं।
4. प्रत्येक व्यक्ति को 24 घंटे का समय समान रूप से उपलब्ध है।
5. सफलता प्राप्त करने के लिए एक निश्चित समय में आपको अपनी गतिविधियों का नियमन करना अत्यंत आवश्यक है।
6. समय का मूल्यांकन करके उसका सदुपयोग करना ही बुद्धिमानी है।
7. अपने समय का प्रभावी एवं कुशल प्रबंधन करने के लिए योजना बनाकर केवल उत्पादक कार्यों में ही समय का सदुपयोग कीजिए।
8. समय को व्यर्थ नष्ट न कीजिए। गपशप में समय बरबाद करने के विपरीत मूल्य संवर्धित एवं आत्म-विकास संबंधी बातों पर ध्यान दीजिए।
9. समय का सदुपयोग करने के लिए सदा ही नियमित एवं अनुशासित दिनचर्या अपनाना श्रेयस्कर है।

10. समयानुसार गतिविधियाँ—भोजन, आराम, निद्रा, व्यायाम कर, अपने आपको स्वस्थ रखते हुए, आप विभिन्न कार्यों एवं समय पर समुचित नियंत्रण रख सकते हैं।
11. बीता हुआ समय इतिहास की पुस्तक के समान है और भविष्य का समय अज्ञात रहस्य में छिपा है, केवल वर्तमान समय ही आपके पास ईश्वर-प्रदत्त विलक्षण उपहार है।
12. अपने समय का आदर कीजिए। वर्तमान समय में उपस्थित रहकर उसका सदुपयोग कीजिए।
13. कल के कार्यों की योजना आज ही बनाइए।
14. आप सभी प्रकार के काम अपने आप नहीं कर सकते। कार्यालय में सहयोगियों को तथा घर में परिवार के अन्य सदस्यों को उनकी क्षमता के अनुसार कार्य सौंपिए।
15. कार्यालय, परिवार एवं स्वयं के विभिन्न कार्यों में यथासंभव समय बाँटकर दिन का उपयोग कीजिए। दिन भर कार्यालय अथवा घर के ही कार्य न करते रहिए।
16. योजना बनाकर निश्चित कार्यक्रम के अनुसार कार्य करना श्रेयस्कर है।
17. मीटिंग अथवा अन्य आवश्यक कार्य में भाग लेने के लिए उचित तैयारी करके समय से पहले पहुँचिए। अंतिम क्षणों की भाग-दौड़ से बचिए।
18. किसी कार्य को करने के लिए थोड़ा सा विचार अवश्य कीजिए। काम आते ही कल पर टालने की आदत न बनाइए।
19. अपने घर, कार्यालय, वर्कशॉप आदि में सभी वस्तुएँ यथास्थान रखिए। प्रत्येक वस्तु का एक निश्चित स्थान बनाइए और उसे उपयोग करने के बाद उसके निश्चित स्थान पर ही रखिए।
20. विभिन्न कार्यों के लिए उचित समयावधि का प्रावधान कीजिए। थोड़ा सा अतिरिक्त समय बीच में अवश्य रखिए।
21. प्रतिदिन केवल अति आवश्यक व अचानक कार्य ही न करते रहिए। अपनी कार्यसूची के अनुसार महत्त्वपूर्ण कार्य भी निपटाइए।
22. अपनी योजनानुसार कार्य करते समय प्रगति का पुनरावलोकन कीजिए।
23. अनावश्यक कार्यों में समय नष्ट न कीजिए। निश्चित रूप से दृढ़ता के साथ, लेकिन नम्रता से 'ना' कहने की आदत डालिए।

24. एक समय में एक ही कार्य पर ध्यान केंद्रित कीजिए।
25. शीघ्रता से पढ़ने, लिखने, बात करने आदि के विशेष तरीके अपनाएँ। बार-बार दोहराकर समय नष्ट न करें।
26. अन्य व्यक्तियों को उनकी क्षमता के अनुसार ही जिम्मेदारी सौंपिए।
27. चिंतन करके, सोच-विचार के बाद सही योजना बनाकर काम कीजिए। अपने चिंतन के समय व्यवधान न होने दीजिए।
28. इंतजार करते समय कुछ भी काम करके समय का सदुपयोग कीजिए।
29. जीवन में अपने दीर्घकालीन एवं तत्कालीन लक्ष्य निर्धारित कीजिए। अपनी विभिन्न गतिविधियों के क्रम में ऐसे कार्य कीजिए जो आपके लक्ष्य की ओर प्रगति करने में सहायक हों।
30. अपने विभिन्न कार्यों में लगे समय का लेखा-जोखा रखिए। उन पर पुनर्विचार करके आवश्यकतानुसार उनमें सुधार कीजिए।
31. प्रमुख कार्य, चिंतन, सोच-विचार, खेल-कूद, पढ़ाई-लिखाई, प्यार स्नेह, हँसना-रोना आदि सभी कुछ मन लगाकर कीजिए।
32. अपने समय पर स्वयं नियंत्रण रखिए। अन्य व्यक्तियों को अपने समय का नियंत्रण करने का अवसर न दीजिए।
33. प्राथमिकता के आधार पर कार्यसूची बनाकर उसके अनुसार कार्य कीजिए।
34. अपने आपको स्वस्थ रखिए। कार्य की अधिकता के बोझ तले अपने को दबाकर अस्वस्थ होने से बचिए।
35. अपने आपको चुस्त-दुरुस्त रखिए। विभिन्न कार्यों के बीच-बीच में थोड़ा-थोड़ा आराम कीजिए।
36. मूल्य संवर्धित बड़े-बड़े उत्कृष्ट काम सबसे पहले कीजिए।
37. मीटिंग आदि के समय अनावश्यक व्यवधान से बचिए।
38. छोटे-छोटे अनेक कार्य करके अपना समय नष्ट न कीजिए। बड़े-बड़े एकाध काम पर ही अपना ध्यान केंद्रित कीजिए।
39. टेलीफोन, फैक्स, ई-मेल, अचानक आए व्यक्ति व शोर-शराबे से बचिए।
40. दिन भर के अपने सबसे ऊर्जावान समय में सबसे कठिन काम कीजिए। विश्वास कीजिए कि उस समय आप कुछ भी कर सकते हैं।
41. अपने कार्य को सही प्रकार पूरा कीजिए, लेकिन सारे ही कार्य सर्वश्रेष्ठ

अथवा उत्कृष्ट करने में सारा समय न गँवाइए।

42. अन्य व्यक्तियों के समय का भी आदर कीजिए, लेकिन अपने समय-प्रबंधन के बारे में कोई समझौता न कीजिए।
43. सदैव हँसते-मुसकराते रहकर प्रसन्नतापूर्वक कार्य कीजिए।
44. जीवन के प्रति सकारात्मक दृष्टिकोण अपनाइए।
45. वर्तमान में उपस्थित रहकर समय के प्रत्येक क्षण को आनंदपूर्वक जिएँ।
46. यदि आप स्वस्थ रहना चाहते हैं, तो अपने जीवन पर संपूर्ण नियंत्रण करने का प्रयत्न न करें, क्योंकि आप कभी भी अपने जीवन पर संपूर्ण नियंत्रण करने में सफल नहीं हो सकते। आप केवल योजना बनाकर समयानुसार कार्य करने का प्रयत्न करें।
47. हम अपने जीवन का आधा समय यह निश्चित करने में नष्ट कर देते हैं कि जल्दी-जल्दी काम करके बचाए हुए समय का सदुपयोग करने के लिए अब क्या किया जाए।
48. हमेशा याद रखिए कि आपका समय आपके धन से भी अधिक मूल्यवान है।
49. जीवन में प्रत्येक उतार-चढ़ाव से संभावित हानि-लाभ की चिंता में समय नष्ट करने के विपरीत आप केवल सकारात्मक दृष्टिकोण अपनाकर समय की काफी बचत कर सकते हैं।
50. आप दूसरे व्यक्तियों के अनुभव से बहुत सी उपयोगी बातें सीखकर अपनी जीवन-शैली में ढालकर लाभान्वित हो सकते हैं। अच्छी आदतें अपनाने में हिचकिचाएँ नहीं।
51. शीघ्रता से कार्य संपन्न करनेवाले महँगे उपकरण खरीदकर आप संभवत: समय की यथेष्ट बचत न कर सकें, क्योंकि सभी उपकरणों का परिचालन व रख-रखाव बहुत आसान नहीं होता, इसके लिए काफी समय भी लग सकता है। इसके विपरीत आप अपनी जीवन-शैली व कार्य-शैली में आसानी से आवश्यक परिवर्तन करके समय की अधिक बचत कर सकते हैं।
52. प्रत्येक मनुष्य के जीवन-दर्शन व कार्य-शैली में अंतर समझकर ही आप यह जान पाएँगे कि आपके कार्यालय में काम करनेवाली महिला, जो तीन बच्चों की माँ भी है, कार्यालय के काम के अतिरिक्त घर के

सब काम-काज सँभालती हुई किस प्रकार प्रसन्नचित्त रहती है।

53. जीवन में अनेक कठिन कार्यों को सफलतापूर्वक संपन्न करने के लिए आपको निरंतर प्रयत्न करते रहना होगा। मुख्य बात यह नहीं है कि आप कितने व्यस्त रहते हैं, बल्कि यह है कि आप कितने काम सफलतापूर्वक संपन्न करते हैं।

54. जीवन में अनेक कठिन कार्य सफलतापूर्वक संपन्न करने के लिए आपको लगातार प्रयत्न करते रहना आवश्यक है, लेकिन आपकी स्वास्थ्य संबंधी आवश्यकताएँ भी आपकी प्राथमिकता सूची में सर्वोच्च स्थान पर होनी चाहिए।

55. अपने कार्यालय में आनेवाले प्रत्येक कागज-पत्र आदि को न केवल एक बार देखकर निर्णय कीजिए कि उन पर क्या कार्रवाही करनी है, यदि उन पर कार्रवाही किसी अन्य व्यक्ति द्वारा की जा सकती है तो आवश्यक निर्देश देकर तुरंत उसे संबंधित व्यक्ति को दे दीजिए। व्यर्थ के कागज-पत्र आदि को जितना शीघ्र संभव हो नष्ट कीजिए, ताकि वे बार-बार आपके सामने न आने पाएँ।

56. दिन भर में अपना सबसे उपयुक्त, प्रभावी, ऊर्जावान एवं उत्पादक समय पहचानिए और सबसे अधिक ऊर्जावान समय में सबसे कठिन काम कीजिए, क्योंकि आप अपने सबसे अधिक ऊर्जावान समय में कठिन-से-कठिन कार्य करने की क्षमता रखते हैं। विश्वास कीजिए कि आप दृढ़ संकल्प करके कार्य आरंभ करें तो कुछ भी कर सकते हैं।

57. भूत और भविष्य की अधिक चिंता करना छोड़कर वर्तमान समय में उपस्थित रहकर जीवन के प्रत्येक क्षण को आनंदपूर्वक जिएँ।

58. समय अमूल्य है, इसका सही मूल्यांकन करना असंभव नहीं है।

59. प्राकृतिक जीवनचर्या अपनाकर ही आप स्वस्थ रह सकते हैं और स्वस्थ रहकर ही समय का प्रभावी प्रबंधन कर सकते हैं।

60. निश्चित योजना बनाकर, समयावधि में, निश्चित कार्य करके और एक समय में एक ही कार्य पर ध्यान देकर अपने समय का सर्वोत्तम प्रबंधन करके लक्ष्य की दिशा में प्रगति कर सकते हैं।

61. समय-प्रबंधन के संदर्भ में मुख्य बात यह नहीं है कि आप कितने व्यस्त रहते हैं, बल्कि यह है कि आप कितने कार्य सफलतापूर्वक

संपन्न कर पाते हैं।

62. सभी समस्याओं के अनुकूल एवं प्रतिकूल पक्षों का विस्तृत विवेचन करने के विपरीत केवल अनुकूल पक्ष का विवेचन करके समय की काफी बचत कर सकते हैं।
63. दलाई लामा के अनुसार—"किसी से कुछ भी आशा न कीजिए, आप बहुत संतुष्ट रहेंगे और जितना भी प्राप्त होगा वह आपके लिए उपहारस्वरूप होगा।"
64. सहयोगियों से अनौपचारिक विचार-विमर्श हेतु उन्हें अपने घर चाय पर आमंत्रित कीजिए। आपका कार्यालय का समय बचेगा।
65. समय-प्रबंधन के विषय पर अपने अधिकारियों, सहयोगियों, कर्मचारियों से भी विचार-विमर्श कीजिए।
66. प्राथमिकता के आधार पर उपलब्ध समय में ही अपने सारे काम निपटाने का प्रयत्न कीजिए।
67. जीवन में आप जो भी चाहते हैं, उनका उपयोग करने के लिए, उनका आनंद लेने के लिए समय की बचत कीजिए।
68. केवल आधुनिक उपकरणों में धन खर्च करने से आपका समय नहीं बचेगा। आप अपनी सभी आदतें और व्यवहार बिना धन खर्च किए बदल सकते हैं और समय की काफी बचत भी कर सकते हैं।
69. समय आपके जीवन की सबसे अमूल्य निधि है।
70. अनेक व्यक्तियों को प्रसन्न करने के क्रम में अपना समय व्यर्थ नष्ट न करें।
71. अपने व्यर्थ गए समय का संक्षिप्त विवरण नियमित रूप से लिखिए।
72. कुछ मिनटों का समय बचाने के लिए घंटों का समय नष्ट न कीजिए।
73. समय को धन से अधिक महत्त्वपूर्ण स्थान पर रखिए।
74. अपने उद्देश्य व प्राथमिकता निर्धारित करते समय अप्रत्याशित व्यवधान आ सकते हैं।
75. यदि आप अपना स्वयं का व्यवसाय संचालित करते हैं, तो आपके समय का मूल्य दोगुना हो जाता है।
76. अगर आपको लगता है कि आपके बिना जाने ही समय कहाँ खर्च हो जाता है तो अपने साथ हर समय एक छोटी सी नोटबुक रखकर प्रत्येक काम में लगा समय नोट करके उसका विश्लेषण कीजिए।

77. विफलता की अवस्था में अधिक-से-अधिक दो-तीन बार प्रयत्न कीजिए, अनावश्यक प्रयत्न करके समय नष्ट न कीजिए।
78. कोई भी कागज-पत्र व फाइल एक ही बार पढ़कर निर्णय लीजिए, बार-बार पढ़कर, सोचकर समय नष्ट न कीजिए।
79. बिना किसी आयोजन के काम में जुटे रहने के विपरीत, निश्चित योजना बनाकर काम कीजिए।
80. पहले अपने जीवन की परवाह कीजिए, उसके बाद अपने समय की तथा उसके बाद अपने काम संपन्न करने का प्रयत्न कीजिए।
81. अपनी सामर्थ्य के अनुसार काम करने का बीड़ा उठाइए।
82. पहले थोड़े समय में पूरे होनेवाले लक्ष्य निर्धारित कीजिए, उसके बाद लंबे समय तक पूरे होनेवाले लक्ष्य व उद्देश्य निर्धारित कीजिए।
83. परिवार के अन्य सदस्यों से रात को खाने के समय विभिन्न समस्याओं व उनके कार्यों के बारे में विचार-विमर्श कीजिए।
84. आपके द्वारा किए गए महत्त्वपूर्ण कार्य आपके जीवन-दर्शन के प्रतीक हैं।
85. अगर आप आज के काम को कल पर टालते रहते हैं तो इसका मतलब है कि आप बहुत सारा समय व्यर्थ नष्ट करते हैं।
86. प्रत्येक बार किसी नियमित कार्य को कल पर टालने से पहले एक बार अवश्य सोचिए कि क्या आप उसे अभी कर सकते हैं। कल भी उस काम को करने में उतना ही समय लगेगा।
87. यदि आप बड़े-बड़े काम करने में विफलताओं से घबराते हैं तो बच्चों के समान छोटे-छोटे कदम उठाइए। थोड़ी सी विफलता पर आप आसानी से पार पा सकते हैं।
88. किसी कार्य को आरंभ करके यथासंभव उसे अधूरा मत छोड़िए।
89. कार्यसूची के अनुसार कम समय लगने वाले कार्य पहले कीजिए।
90. अगर आप दिन भर के आठ घंटे काम में व्यस्त दिखेंगे तो संभवत: आपकी पदोन्नति ऐसे स्थान पर की जाएगी जहाँ आपको बारह घंटे खटना होगा।
91. आगंतुकों को यथासंभव निर्धारित समय सीमा में निपटाइए। उन्हें मिलने से पूर्व ही समय सीमा बताइए।
92. रात को सोने से पहले कल के संभावित कार्यों के बारे में सोचिए।

संभवत: नींद में ही आपका दिमाग विस्तृत योजना बनाता रहेगा।

93. केवल 20 प्रतिशत समय में मन लगाकर काम करके आप 80 प्रतिशत कार्य सफलतापूर्वक संपन्न कर सकते हैं।
94. अपने समय के मालिक बने रहिए, गुलाम नहीं।
95. अन्य व्यक्तियों द्वारा किए जाने योग्य काम आप स्वयं करके अपना समय नष्ट न कीजिए।
96. आप यदि अपना समय नियमन कर लें तो काफी है। अन्य व्यक्तियों का समय नियमन करना छोड़ दें।
97. सारा समय आयोजन ही न करते रहिए। केवल 5-10 मिनट आयोजन करके आप बहुत सारा समय व्यर्थ नष्ट होने से बचा सकते हैं।
98. महत्त्वपूर्ण एवं आवश्यक कार्यों को भूलकर अथवा कल पर टालकर आप अपना समय व्यर्थ नष्ट कर रहे हैं।
99. गलतियों से घबराइए नहीं, याद रखिए कि केवल वे ही व्यक्ति गलतियाँ नहीं करते, जो कुछ भी काम नहीं करते।
100. याद रखिए कि डोनाल्ड ट्रंप, बिल गेट्स, टेड टर्नर, नारायणमूर्ति, धीरूभाई अंबानी जैसे अनेक सफल व्यक्ति अपनी प्राथमिकता सूची के आधार पर अपने काम निपटाते रहे।
101. याद रखिए कि 90 प्रतिशत पुराने कागज-पत्र आदि भविष्य में कभी नहीं देखे जाते हैं।
102. कंप्यूटर आपका केवल आज्ञाकारी अनुचर है, इससे अधिक कुछ नहीं।
103. कागज-पत्र, फाइल आदि सब स्टेशनरी हैं। वे अपने आप नहीं चल सकतीं, आप उन्हें लाते रहिए।
104. आप चाहे कितना भी काम कर लें, दोबारा देखने पर आप पाएँगे कि अभी तो कुछ काम बाकी रह ही गया है।
105. कल की उन्नति के लिए अपने आज के समय का बुद्धिमत्तापूर्वक सदुपयोग कीजिए।
106. चिड़ियाँ तालाब से पानी पीती रहती हैं, लेकिन उसे कभी खाली नहीं कर सकतीं।
107. पेड़ की तरह बड़े होकर अनेक शाखाओं में फैलने के लिए अपनी शक्तियों व अपने समय का सदुपयोग कीजिए।
108. समय का महत्त्व पहचानिए, अपनी पत्नी का जन्मदिन याद रखना

आवश्यक है, उनकी उम्र नहीं।

109. आप उपलब्ध समय में ही अपने लिए उचित रास्ता तलाश सकते हैं अथवा एक नया रास्ता बना सकते हैं।

110. समयानुसार अपने सभी कार्य करना साइकिल सवारी के समान है, यदि ठीक प्रकार से चलाएँगे, तो ही आप अपनी मंजिल तक पहुँचेंगे, अन्यथा धड़ाम होने का खतरा बना रहेगा।

111. अपने विचारों को नियंत्रित कीजिए, आगे चलकर वे ही आपके शब्द बन जाते हैं।

अपने शब्दों को नियंत्रित कीजिए, वे ही आपके कार्य बन जाते हैं।

अपने कार्यों को नियंत्रित कीजिए, वे ही आपकी आदत बन जाती हैं।

अपनी आदतों को नियंत्रित कीजिए, वे ही आपका चरित्र निर्माण करती हैं।

अपने चरित्र पर नजर रखिए, वही आपके व्यक्तित्व को दरशाता है।

आपकी आदतें, आपका चरित्र एवं आपका व्यक्तित्व ही समय का सदुपयोग करने में आपकी निरंतर सहायता करते हैं।

112. समय-प्रबंधन के संदर्भ में एक महत्त्वपूर्ण बात याद रखिए—

यदि आप किसी काम को करने से पूर्व ही सभी प्रकार के व्यवधान समाप्त करना चाहते हैं, तो संभवत: आप कभी भी उस कार्य को आरंभ नहीं कर पाएँगे। इसलिए संभावित व्यवधानों से निपटने के उपाय ध्यान में रखकर कार्य करना आरंभ कर दीजिए।

113. यदि आप उत्साहपूर्वक कोई काम करें तो निश्चय ही नियत समय में उसे पूरा कर पाएँगे।

114. व्यस्त व्यक्ति जिस काम को एक मिनट में कर सकते हैं, उसके लिए कभी भी पाँच मिनट का समय बरबाद नहीं करते।

115. उचित समय पर अन्य व्यक्तियों से कोई काम करा पाने की क्षमता के आधार पर ही आप सफल या असफल होते हैं।

116. आपके अधिकारी, सहयोगी व कर्मचारी भी अपने जीवन में सफल होना चाहते हैं, उन्हें समय का सदुपयोग करने के लिए प्रेरित कीजिए।

117. बुद्धिमत्ता केवल पढ़े-लिखे प्रबंधकों की बंधक संपत्ति नहीं है, इसलिए अपने कर्मचारियों की बातें ध्यानपूर्वक सुनिए व समझिए। उन्हें अपने अनुभव बताने के लिए यथेष्ट समय दीजिए।

118. एक सड़क के बारे में दुनिया के सारे नक्शे देखकर भी आप सारी जानकारी प्राप्त नहीं कर सकते। इसके विपरीत यदि आप सड़क पर चलना आरंभ कर दें, तो नियत समय से पूर्व ही अपनी मंजिल पर पहुँच जाएँगे।

119. अधिकतर व्यक्ति जब भी कोई काम करते हैं तो सोचते हैं कि वे अपना समय नष्ट नहीं कर रहे हैं। लेकिन वास्तव में वे ऐसे कार्यों में अपना समय लगा रहे हैं, जिनके बिना उनका काम बखूबी चल सकता है।

120. यदि आप प्रतिदिन एक घंटा कम सोने का नियम बना लें, तो अपने कार्यशील जीवन के समय में पाँच अतिरिक्त वर्ष का बहुमूल्य समय जोड़ने में सफल हो पाएँगे।

□

29 संक्षिप्त परिभाषाएँ

80/20 नियम

इटली के विल्फ्रेडो परैटो नामक अर्थशास्त्री ने समय एवं कर्मचारियों की उत्पादकता में सीधा संबंध दरशाने के लिए एक नियम निर्धारित किया। लगभग 100 वर्ष पूर्व इस अर्थशास्त्री ने व्यक्तियों की आय व संपत्ति के बारे में भी अनुसंधान करके इसमें भी '80/20 नियम' को लागू किया। वास्तव में जीवन के लगभग सभी क्षेत्रों में लागू होने योग्य समय व उत्पादकता संबंधी 'परैटो समय नियम' के अनुसार 80 प्रतिशत समय लगाकर केवल 20 प्रतिशत उपयोगी काम ही किए जा सकते हैं, जबकि केवल 20 प्रतिशत समय में सही प्रकार से काम करके 80 प्रतिशत उपयोगी कार्य संपन्न किए जा सकते हैं।

ए बी सी विश्लेषण

समय-प्रबंधन के संदर्भ में 'ए बी सी' विश्लेषण द्वारा अति आवश्यक, महत्त्वपूर्ण व सामान्य कार्यों को तीन अलग-अलग श्रेणियों में बाँटा गया। इसके अनुसार—

1. 'ए' प्रकार के केवल 15 प्रतिशत महत्त्वपूर्ण कार्य ही अपने लक्ष्य का 65 प्रतिशत भाग तक प्राप्त कर सकते हैं।
2. 'बी' प्रकार के लगभग 20 प्रतिशत कार्य आपके लक्ष्य का केवल 20 प्रतिशत भाग प्राप्त कर सकते हैं।
3. 'सी' प्रकार के लगभग 65 प्रतिशत कार्य आपके लक्ष्य का केवल 15 प्रतिशत भाग ही प्राप्त करने में सक्षम होते हैं।

आइजनहॉवर नियम

अमेरिका के राष्ट्रपति ड्वाइट डी आइजनहॉवर द्वारा 'ए बी सी विश्लेषण'

में एक 'डब्ल्यू' जोड़कर बनाया गया नियम, जिसमें 'डब्ल्यू' का प्रयोग बेकार के तुरंत फेंकनेवाले कागज पत्रों के लिए किया जाता है। इसके अनुसार उन्होंने विभिन्न कार्यों की चार श्रेणियाँ निर्धारित कीं—

1. तुरंत एवं अति महत्त्वपूर्ण कार्य—
   ऐसे महत्त्वपूर्ण कार्य जिन्हें तुरंत करना है।
2. तुरंत लेकिन कम महत्त्वपूर्ण कार्य—
   ऐसे कार्य जो शीघ्र तो करने हैं, लेकिन अति महत्त्वपूर्ण कार्यों के बाद किए जा सकते हैं।
3. कम आवश्यक एवं अति महत्त्वपूर्ण कार्य—
   ऐसे कार्य जो बहुत महत्त्वपूर्ण तो हैं, लेकिन उनको करने के लिए काफी समय आपके पास उपलब्ध है।
4. कम आवश्यक एवं कम महत्त्वपूर्ण कार्य—
   ऐसे कार्य जो अन्य व्यक्तियों को निश्चिंत होकर सौंपे जा सकते हैं अथवा सीधे ही रद्दी की टोकरी में फेंके जा सकते हैं।

अटेंशन डेफिसिट डिसऑर्डर

एक विशिष्ट प्रकार का व्यवधान, जिसके कारण आप मन लगाकर कोई भी कार्य नहीं कर पाते तथा आपका ध्यान उचटता रहता है।

बायोरिद्म-जैविक चक्र

व्यक्ति की भावनाएँ, शारीरिक क्षमता और वैचारिक ऊर्जा को दरशानेवाला एक विशिष्ट जैविक चक्र।

चैक लिस्ट

समय-प्रबंधन के संदर्भ में तैयार की गई दैनिक, साप्ताहिक, मासिक, वार्षिक कार्यसूची।

डे-प्लानर

सामान्य प्रकार से बना एक ऐसा चार्ट, जिसमें आप दिन भर एवं अगले दिन करनेवाले कार्य लिख सकें।

कार्य सौंपना-डेलीगेशन

अन्य व्यक्तियों को उनकी योग्यता व कार्य क्षमता के अनुसार संपन्न करने के लिए सौंपे गए कार्य।

साथ जोड़ना–डोवटेलिंग

समय-प्रबंधन के संदर्भ में दो या अधिक कार्यों को एक साथ पूरा करने के लिए जोड़ने की क्षमतापूर्ण प्रक्रिया।

लक्ष्य निर्धारण (गोल सेटिंग)

किसी काम को संपन्न करने के लिए एक निश्चित समय सीमा निर्धारित करने की योग्यता।

'कगार पर' नियम (लॉ ऑफ स्लाइट ऐज)

ऐसे विशिष्ट कार्य, जिनमें थोड़ा सा भी परिवर्तन अथवा अधिक समय लगना बहुत घातक हो सकता है।

मायर्स ब्रिग्स (व्यक्तित्व परीक्षा)

एक प्रकार की व्यक्तित्व परीक्षा, जो मानसिक चिकित्सकों अथवा स्कूलों द्वारा किसी व्यक्ति के कार्य करने की प्रणाली एवं उसकी वैचारिक योग्यता का अनुमान करने के लिए प्रयोग की जाती है।

बाह्य संसाधन (आउट सोर्सिंग)

कार्यालय से इतर व्यक्तियों द्वारा संपन्न किए जानेवाले कार्य सौंपने की प्रक्रिया।

तुरंत व्यवस्थापक (पॉम ऑर्गेनाइजर)

समय-प्रबंधन के संदर्भ में एक छोटा सा कंप्यूटर चालित उपकरण, जिससे विभिन्न कार्यों व परियोजनाओं में संभावित समय, कार्य विवरण, पते आदि संक्षेप में नोट किए जा सकें।

पार्किंसन नियम

पार्किंसन द्वारा निर्धारित इस नियम के अनुसार, किसी भी काम को करने के लिए आप जितना समय निर्धारित करेंगे, वह काम उतना ही बढ़ता जाएगा। उदाहरणस्वरूप, यदि आप सोचते हैं कि परियोजना आप एक महीने में पूरी कर लेंगे तब आपका कार्य लगभग एक महीने में ही पूरा होगा। लेकिन अगर आप निर्णय करें कि इसी कार्य को एक सप्ताह में पूरा करना है तो निश्चय ही आप उसे एक सप्ताह में पूरा कर पाएँगे।

प्राथमिकता निर्धारण

प्राथमिकता के अनुसार पहले या बाद में संपन्न किए जानेवाले कार्यों की

सामान्य सूची।

प्रगतिशील (प्रोएक्टिव)

किसी भी कार्य को करने के लिए स्वेच्छा से उठाए गए कदम, जो आपको अग्रणी रखने में सक्षम हों।

टालमटोल करना (प्रोक्रिस्टिनेशन)

किसी कार्य को देखते ही बाद में करने के लिए टालमटोल करने की प्रवृत्ति।

पुनः प्राथमिकता

अचानक अथवा अप्रत्याशित रूप से आए कार्यों को उनके महत्त्व के अनुसार शीघ्र करने हेतु प्राथमिकता निर्धारित करने की प्रक्रिया।

एस एम ए आर टी-स्मार्ट

किसी भी कार्य के संदर्भ में पाँच महत्त्वपूर्ण बातें—

विशिष्ट—स्पेसिफिक, नाप-जोख कर सकने योग्य—मेजरेबुल, प्राप्त कर सकने योग्य—अॅचीवेबुल, वास्तविक—रियलिस्टिक तथा समयबद्ध—टाइम्ड के प्रथमाक्षरों को मिलाकर बनाया गया संक्षिप्त शब्द।

स्पैम

इंटरनेट पर प्राप्त की गई बेकार की जंक मेल।

समय अनुमान (टाइम बजट)

किसी भी कार्य को संपन्न करने के लिए अनुमानित समय सीमा।

समय प्रबंधक (टाइम मैनेजर)

ऐसे व्यक्ति, जो अपने कार्य एवं समय पर नियंत्रण करने में सक्षम हैं और किसी भी काम को समयानुसार पूरा करने में विश्वास करते हैं।

समय-प्रबंधन (टाइम मैनेजमेंट)

अपने सभी कार्यों को सुव्यवस्थित करके समय व्यर्थ नष्ट न करने तथा समय बचाने की प्रक्रिया।

कार्य सूची (टु डू लिस्ट)

एक निश्चित समय में प्रतिदिन/साप्ताहिक/मासिक/वार्षिक रूप से संपन्न किए जानेवाले सभी कार्यों की सूची।

‘ए’ प्रकार के व्यक्ति (‘ए’ टाइप पर्सनैलिटी)

प्रगतिशील, तुरंत निर्णय लेने में सक्षम, तुरंत कार्य आरंभ करने में सक्षम, प्रतिस्पर्धात्मक रूप से काम करने में सक्षम व्यक्ति, लेकिन आक्रामक व क्रोधी स्वभाव के कारण हमेशा तनाव में काम करने के आदी व्यक्ति।

‘बी’ प्रकार के व्यक्ति (‘बी’ टाइप पर्सनैलिटी)

शांत स्वभाव के धीरे-धीरे काम करने के आदी ऐसे व्यक्ति, जिन्हें काम पूरा करने की कोई जल्दी नहीं है और न ही वे तनावपूर्ण वातावरण में काम करने में सक्षम हैं।

□□□